AF192631

¡Proletarios de todos los países, uníos!

Materialismo dialéctico
Fundamento teórico del marxismo-leninismo

Vladimir Adoratsky
**Materialismo dialéctico: fundamento teórico
del marxismo-leninismo**

Ediciones Tinta Roja
tintarojaediciones@gmail.com
Primera edición: febrero, 2025

Edición y revisión
Javier Martín Rodríguez

Edición y traducción
Tomás Ferreira Crubellati

Maquetación
Iván Álvarez Diaz

Diseño de cubierta
Pedro Fernández

ISBN: 978-84-129349-2-2
Depósito legal: M-5132-2025
Impreso en Estugraf, Madrid

Vladimir Adoratsky

Materialismo dialéctico

Fundamento teórico del marxismo-leninismo

Tinta Roja
2025

Introducción

1. El marxismo en la URSS y los manuales divulgativos

El libro que presentamos a continuación forma parte de aquello que los círculos académicos acostumbran a llamar «marxismo soviético». El marxismo soviético, cuya filosofía es conocida también como *diamat*, vendría a ser la ideología oficial de un Estado en el que la producción teórica era supuestamente monolítica, gris, pobre y vulgar. Sin embargo, la historia del pensamiento en la Unión Soviética es mucho más rica, compleja y contradictoria de lo que hoy uno pudiera imaginarse. La fusión entre teoría y práctica ponía en un primer plano la lucha ideológica, y desde la fundación de la URSS en 1922 la historia del pensamiento soviético fue una historia de debates y polémicas que tuvieron lugar en todos los campos de las ciencias y de las humanidades. Lo que estaba en juego en última instancia era siempre el cómo hacer avanzar el socialismo, el cómo hacer triunfar a las relaciones de producción comunistas emergentes sobre las relaciones capitalistas aún supervivientes en el que fuera el primer Estado socialista de la historia.

Los debates en torno a la lógica dialéctica en filosofía, en torno al realismo socialista en el campo de la estética, en torno al mercantilismo y el antimercantilismo en la economía política, etc., son debates que atravesaron la historia de la URSS y cuyos resultados definieron su evolución política, cultural y económica. El triunfo de las tesis mercantilistas, por ejemplo, se vio reflejado en el viraje de los XXII y XXIII congresos del PCUS (1961 y 1966, respectivamente), restaurando las relaciones capitalistas de producción en distintos ámbitos de la economía y preparando, así, las bases para la restauración completa del capitalismo a finales de siglo.

Sin embargo, la mayor parte de estos debates, en los que participaron los pensadores soviéticos más avanzados, no fueron traducidos al castellano. Esto significa que el desarrollo teórico más rico y novedoso producido en la URSS sigue siendo ampliamente desconocido a día de hoy fuera del espacio post-soviético.

Aun así, es importante destacar los grandísimos esfuerzos que dedicó la Unión Soviética por divulgar el marxismo en su territorio y a lo largo de todo el mundo. No podemos olvidar que en tan solo veinte años la URSS pasó de ser un país semi-feudal a una potencia industrial; el analfabetismo estaba ampliamente extendido entre la población rusa hasta que los bolcheviques realizaron, ya en el poder, grandes esfuerzos por alfabetizar a la población. Como parte de este esfuerzo educativo, se hacía necesaria la difusión de los fundamentos básicos del marxismo-leninismo con la intención de incorporar a las masas soviéticas a la vida activa y práctica de la política socialista. Esto parece haber tenido cierto éxito: por poner un ejemplo, se calcula que en torno a 75 millones de personas discutieron la Constitución soviética de 1936 antes de ser aprobada, y se realizaron alrededor de 1,5 millones de propuestas, adiciones y enmiendas.

Es en este contexto que aparecen los manuales soviéticos, libros que introducían a los aspectos más básicos del marxismo-leninismo: filosofía, historia, economía política, teoría de la revolución, etc. Pero estos manuales no fueron elaborados solamente para difundir el marxismo dentro de la

Unión Soviética. Siguiendo la vocación internacionalista del marxismo-leninismo, la propia URSS y el movimiento comunista internacional dedicaron grandes esfuerzos por elaborar, traducir y divulgar algunos de estos manuales a lo largo y ancho del mundo, con la intención de seguir expandiendo la cosmovisión marxista entre la clase obrera mundial y de dotar a la militancia comunista de unas bases sólidas en los fundamentos del marxismo-leninismo.

El libro que presentamos a continuación es uno de esos manuales y, en ese sentido, cuenta con las virtudes y los defectos que la mayor parte de ellos contienen: mientras que es una gran herramienta para introducirse en la filosofía del marxismo y discutir la obra colectivamente, la búsqueda de accesibilidad conlleva cierta simplificación del materialismo dialéctico. Algunas de estas cuestiones las veremos en el siguiente apartado.

Además, teniendo en cuenta que este es un manual pensado y elaborado para la lucha política y la militancia comunista, su contenido y su forma no pueden aislarse del contexto histórico en el que se publicó. A principios de los años treinta, en un contexto en el que el nazi-fascismo cobraba cada vez mayor fuerza y en el que la URSS se encontraba cada vez más acorralada, la consigna de «clase contra clase» lanzada por la Tercera Internacional regía la política del movimiento comunista en todo el mundo, lo que se tradujo en un ataque frontal y por igual a todas las corrientes políticas burguesas. El tono de las críticas toman una dureza particular a la que no estamos acostumbrados hoy en día, y no faltan descalificativos tales como «traidores de la clase obrera», «oportunistas», «trotskistas», «mencheviques», etc.

En resumen, este libro debe entenderse como lo que es: un manual de introducción al materialismo dialéctico, y no como una obra del desarrollo teórico del marxismo en la Unión Soviética. Esta falta de perspectiva práctica, democratizadora, en esta cuestión, ha llevado a gran parte de la intelectualidad occidental, incluso entre autodenominados marxistas, a considerar la producción teórica de la Unión Soviética como simple, vulgar y tosca. Con esto en mente, nuestra decisión de publicar esta obra es una decisión fundamentalmente militante; esperamos que sirva para lo que fue escrita: la difusión del marxismo-leninismo entre la clase obrera y la introducción a los complejos temas de la filosofía para una nueva generación de militantes comunistas. Es por ello que esta obra inaugura nuestra subcolección «De mano en mano», dedicada a la publicación de obras breves y accesibles de iniciación que esperamos se lean, trabajen, anoten y distribuyan; que viajen por fábricas, trenes, aulas, autobuses, casas, oficinas y parques ensanchando las fronteras del comunismo.

2. El materialismo dialéctico como lógica dialéctica

Lenin, siguiendo a Marx y a Engels, comprende la filosofía marxista (el materialismo dialéctico) específicamente como ciencia del pensamiento, es decir, como la teoría del conocimiento marxista. Lo fundamental del marxismo –su ortodoxia, como lo expresaría Lukács– es su método de investigación, el *método dialéctico marxista*, un método que busca penetrar en la esencia de los fenómenos y, de esta manera, comprender su lógica interna, su movimiento. La filosofía, por tanto, tiene como tarea el descubrimiento y elaboración del sistema de categorías que este método de investigación utiliza para el estudio de la realidad (categorías como lo objetivo y lo subjetivo, lo material y lo ideal, lo general y lo particular, etc.). Es decir, el papel de la filosofía es el de elaborar un sistema de categorías coherente y totalizador con cuya ayuda el conocimiento humano sea capaz de penetrar en la esencia de las cosas y de los fenómenos y comprenderlos así en su totalidad y concreción. A esto precisamente se refería Lenin cuando apuntó en sus *Cuadernos filosóficos* que «en *El Capital*, Marx aplicó a una sola ciencia: la lógica, la dialéctica y la teoría del conocimiento del materialismo», que «no hacen falta 3 palabras: es una y la misma cosa»[1].

El materialismo dialéctico es, por tanto, la filosofía del marxismo, su teoría del conocimiento: la lógica dialéctica. En este sentido, la lógica dialéctica interactúa con los distintos campos de la ciencia ayudándoles a desarrollarse, actuando a través de ellas. Su objetivo es dotar de las herramientas necesarias a las ciencias para que estas sean capaces de plantear en conceptos un esquema lo más concreto posible de su campo de estudio, es decir, de reflejar en el pensamiento la dialéctica objetiva del mundo. Tal fue el proceder de Marx en *El Capital*, aplicando la lógica dialéctica al campo de la economía política. En ese sentido, Lenin entiende la importancia de *El Capital* no solamente porque en él se penetra hasta la esencia misma del modo de producción capitalista, sino porque un estudio minucioso de esta obra nos permite comprender la aplicación concreta del método dialéctico-materialista: «Si Marx no nos dejó una "Lógica" (con mayúscula), dejó en cambio la lógica de *El Capital*»[2].

El método dialéctico marxista, también conocido como *método de ascenso de lo abstracto a lo concreto*, parte del conocimiento sensible y, partiendo de allí, realiza un proceso de abstracción en el cual, dejando de lado los elementos secundarios y prescindibles de un fenómeno, se adentra en él hasta encontrar su esencia. Así procede Marx cuando en el primer capítulo de *El Capital* profundiza en el estudio de la mercancía hasta descubrir la ley del valor. Una vez encontrada esta esencia, este *universal concreto*, parte de él, lo ve desplegarse y desarrollarse, comprendiendo así la forma lógica e histórica en la que un fenómeno se desarrolla e interactúa con la totalidad social. De este modo, nuestro conocimiento avanza desde una

---

1 Lenin, V.I., «Cuadernos filosóficos» en *Obras Completas*, vol. XXIX, p. 300., Editorial Progreso.

2 Ibíd.

concepción abstracta de dicho fenómeno a una cada vez más concreta, perfeccionando así nuestro conocimiento de él.

Como podemos ver, lo que pretende este método es comprender los fenómenos en su totalidad y complejidad, es decir, en su conexión con otros y en su propio desarrollo y movimiento. No busca tanto captar una «foto», sino comprender el «motor» de las cosas. En ese sentido, la contradicción interna de un fenómeno juega un papel fundamental en su propio desarrollo, puesto que lo impulsa a moverse y desarrollarse. Así, en cuanto tendencia general de los fenómenos, la «unidad y lucha de contrarios» puede ser considerada una ley general de la dialéctica, y de tal manera podemos encontrarlo en los manuales soviéticos. Ahora bien, esto no es algo que pueda trasladarse mecánicamente a todo y de todas las maneras. Para encontrar esas contradicciones internas que impulsan el desarrollo de los fenómenos, es necesario llegar en primer lugar a su esencia y, a partir de allí, comprender cómo se despliega de forma dialécticamente contradictoria. Volviendo a *El Capital*, Marx, partiendo de un análisis minucioso de la ley del valor, descubre que su desarrollo en la forma capitalista se da sobre la base de la contradicción capital-trabajo, que toma su forma real en la lucha de clases entre el proletariado y la burguesía. Es en este sentido que «la lucha de clases es el motor de la historia».

Por eso, llamamos a una lectura crítica cuando, por ejemplo, Adoratsky pone como ejemplo de fenómenos de lucha de contrarios «la lucha por la existencia» de una especie o «la procreación por sexo», o cuando acude a ejemplos químicos o biológicos para ilustrar procesos dialécticos. Sin querer negar el carácter dialéctico de algunos de estos fenómenos, sí queremos en cualquier caso puntualizar que, en muchas ocasiones, este tipo de ejemplos, aunque ilustrativos, pueden caer en vulgarizaciones inoportunas y deben estudiarse con mucha mayor profundidad utilizando debidamente el método dialéctico-materialista en ayuda de las ciencias. Lo mismo podemos decir al respecto de los «saltos cualitativos» tras una acumulación de cambios «cuantitativos»: mientras que esto tiene sentido, por ejemplo, al analizar el proceso por el cual se van desarrollando las condiciones objetivas y subjetivas para el estallido de una guerra imperialista, hay que ser más precavidos al afirmar que «el nacimiento es un acto revolucionario» de acuerdo a la ley de la transformación de los cambios cuantitativos en cualitativos.

En cualquier caso, como apuntábamos en el apartado anterior, este libro debe ser leído y entendido como lo que es: un manual de introducción a la filosofía del marxismo-leninismo. Su intención es sintetizar los aspectos más básicos del materialismo dialéctico y no innovar ni profundizar en ellos. Por eso, consideramos la lectura de este libro como un buen primer paso para la formación militante en cuestiones tan complejas como la filosofía, y animamos a la discusión colectiva de sus contenidos como forma de interiorizar, profundizar y esclarecer las cuestiones aquí expuestas.

3. Breve esbozo biográfico de Adoratsky

Vladimir Adoratsky nació en Kazán en 1878. De familia noble advenediza, estudió en el II Gimnasio masculino de la capital tártara entre 1890 y 1897. Fue en este periodo en el que Adoratsky se hizo ateo, para lamento de su familia, y se familiarizó con la literatura política ilegal.

Finalizada esta etapa juvenil, ingresó en la Facultad de matemáticas, aunque un año después se pasó a la de Derecho, graduándose en 1903. Durante sus años como universitario se inició en el estudio del marxismo y comenzó a colaborar con la organización del POSDR en Kazán.

En diciembre de 1903 viajó al extranjero para conocer la literatura política rusa y alemana que no era accesible en Rusia, y en 1904 viajó a Berlín, donde pudo acceder a las actas del II Congreso del partido socialdemócrata, decantándose por la corriente bolchevique. Regresó a Kazán en mayo de 1904 cargado de literatura política clandestina e ingresó en el Comité de Kazán del POSDR, siendo jefe de un grupo de propagandistas del Comité. Dirigió círculos marxistas en centros de enseñanza y realizó labores de propaganda entre obreros y artesanos.

En 1905 regresó a Berlín y es allí donde conoce personalmente a Lenin, quien le dejó una gran impresión. Adoratsky se empapó de sus discursos, del *¿Qué hacer?* y de sus artículos. Colaboraría a su vez con los periódicos bolcheviques *Vperiod* (¡*Adelante!*) y *Proletarii*.

Durante la revolución de 1905 Adoratsky se consagró como propagandista; redacta artículos y octavillas, en su casa imprimía y ocultaba publicaciones ilegales, organizaba la recepción y envío de correspondencia, impartía conferencias en colegios y mítines entre los obreros, etc. Fue detenido en diciembre de 1905 y deportado meses después por una ruta que le llevó hasta Astracán. En otoño la deportación devino destierro por dos años al extranjero, y se instaló con su familia en Zúrich y posteriormente Ginebra, donde mantuvo una estrecha relación con Lenin.

De regreso a Rusia, vivió ciertas privaciones, dado que se negó a trabajar como funcionario del Estado zarista o para un empresario, y el apoyo de sus padres, conservadores, no era ni abundante ni sostenido. Sin embargo, esta circunstancia le permitió muchas horas de estudio. Así, en 1907 comenzó a estudiar la cuestión del Estado, y redactó el que está considerado como el primer tratado sobre el Estado del marxismo ruso. Viajó a Berlín para discutirlo con Kautsky, sin resultados satisfactorios, e hizo lo mismo en París con Lenin. El libro, titulado *Sobre el Estado (cuestiones del método de investigación),* no vio la luz hasta 1923, editado por la Academia Socialista soviética.

Cuando estalló la primera guerra mundial Adoratsky se encontraba en Alemania, donde se le prohibió ejercer ningún trabajo al ser hecho prisionero civil, lo que hace su estancia en dicho país realmente precaria. No fue hasta 1918 que pudo volver a Rusia con la primera misión diplomática soviética.

Allí entabla relación con Yakov Sverdlov, con quien ya había trabajado en Kazán durante la revolución de 1905, y a petición del cual Adoratsky fue incorporado al Comisariado del Pueblo para la Educación. Desde entonces comenzó a encadenar cargos políticos de importancia.

Durante la guerra civil rusa y la agresión imperialista contra el poder soviético, Adoratsky se encargó de la conservación y estudio del Archivo de la Familia Real, a la vez que ejercía como profesor en la Facultad de Ciencias Sociales de la Universidad Estatal de Moscú. Durante estos años emprendió, por orden de Lenin, el estudio de la historia de la Gran Revolución Socialista de Octubre, y formó parte del grupo de trabajo encargado de recoger y sistematizar el archivo de Lenin y sus obras escritas.

Durante los años veinte trabajó como Jefe Adjunto del Departamento de Archivo Central, haciendo una labor titánica que reorganizó la archivística soviética, y comenzó también a editar la correspondencia entre Marx y Engels. Además, a partir de octubre de 1920, paralelamente a su labor archivística, impartió clases en la Universidad Comunista Sverdlov. De 1922 a 1925 fue profesor del Departamento de Materialismo Histórico de la Universidad Estatal de Moscú. Desde 1925 fue profesor de la Cátedra de Historia del Partido Comunista de los Bolcheviques de toda la Unión en la Facultad de Etnología de la Universidad Estatal de Moscú, y desde abril de 1930 dirigió la Cátedra de Leninismo en la Universidad Estatal de Moscú.

En 1928 fue asignado como director adjunto del Instituto Lenin y presidió la comisión encargada de redactar la biografía de Lenin. Relegado Deborin en la filosofía soviética por «idealismo menchevizante», Adoratsky ocupó su lugar en la dirección del Instituto de Filosofía de la Academia Comunista. En pleno proceso de «bolchevización» de la filosofía, el instituto Marx-Engels encargado de la edición de las Obras de Marx y

Engels, se fusionó con el Instituto Lenin en 1931, y su director, Riazánov, fue sustituido por Adoratsky.

Riazánov había iniciado la MEGA, edición histórico-crítica de las obras de Marx y Engels, en ruso y en alemán, publicando 5 volúmenes, y Adoratsky, gran conocedor de las obras de Marx y Engels, se encargó de continuar la MEGA, publicando 7 más. Fue en este contexto, en 1934, que Adoratsky redactó el libro que presentamos a continuación, uno de los primeros manuales «oficiales» del materialismo dialéctico.

Finalmente, en la segunda mitad de los años 30 cosecha su gran éxito teórico: en 1939 culmina la edición de los *Elementos fundamentales para la crítica de la economía política*, conocidos como los *Grundrisse*. Adoratsky fallecería en 1945. Militante, bolchevique, a pesar de las difíciles y a veces controvertidas situaciones en las que tuvo que desempeñar sus tareas, si millones de personas pueden hoy acceder a los clásicos del marxismo-leninismo es gracias, entre otros, a Vladimir Adoratsky.

4. Sobre esta edición

La edición que presentamos a continuación se trata de una traducción al castellano de la edición en lengua inglesa de 1934, publicada por International Publishers, una editorial vinculada al Partido Comunista de los Estados Unidos. De hecho, este libro no fue publicado en ruso, sino solamente en inglés, probablemente como una recopilación y adecuación de textos de Adoratsky para su difusión en forma de manual divulgativo. No existe, en ruso, una edición análoga a esta; lo único que podemos encontrar con título similar es *Materialismo dialéctico: antología de Lenin para las escuelas del PCU(b) y las universidades comunistas*, una antología de textos de Lenin compilados por Adoratsky que tuvo varias reediciones: 1930, 1931 y 1932, casi doblando, en esta última, el volumen de las ediciones anteriores.

En 1934 podemos encontrar, también, una compilación de textos sobre materialismo dialéctico de Marx, Engels, Lenin y Stalin, realizada por Adoratsky. En los años previos a la redacción de este manual, por tanto, Adoratsky estuvo elaborando una amplia labor de selección y estudio de textos de filosofía marxista.

Por otra parte, siguiendo la vocación divulgativa y de formación de este libro, hemos realizado un exhaustivo trabajo de búsqueda de todas las citas y hemos sustituido las referencias bibliográficas de ediciones inglesas por las de ediciones en lengua castellana, con tal de facilitar al lector la búsqueda de las fuentes citadas a lo largo del libro. Hemos utilizado, fundamentalmente, las obras de la Editorial Progreso, que pueden encontrarse digitalmente, y las de Tinta Roja, en los casos que ha sido posible. Además, en lugar de dejar todas las referencias y notas bibliográficas al final del libro, las hemos ido introduciendo como notas a pie en el propio texto.

Respecto a las notas a pie de página, hemos introducido aquellas escritas por el propio Adortasky con «V.A.». Las notas de la edición inglesa las hemos señalado con un «[N. de la Ed. Ing.]». Finalmente, tanto nuestras notas como la bibliografía no las señalamos de ninguna forma particular.

Esperamos, en fin, que este libro sirva al lector como introducción a la formación en torno a los planteamientos filosóficos del marxismo-leninismo, cuyo fin último no es la especulación academicista y abstracta, sino que sirva como una herramienta de análisis para la praxis política y revolucionaria de la clase obrera organizada. Solo con ayuda del leninismo, y no con su renuncia, podrá la clase obrera transitar exitosamente el difícil camino hacia la emancipación de la humanidad.

Consejo Editorial de Tinta Roja
Enero, 2025.

I
El marxismo como teoría y táctica de la lucha revolucionaria del proletariado

Lenin definió el marxismo como la teoría y táctica de la lucha de clases revolucionaria del proletariado. La tarea del proletariado es «participar conscientemente en el proceso histórico de transformación de la sociedad que se desarrolla ante nuestros ojos»[1]. Debido a la posición que ocupa en la producción y la sociedad, el proletariado debe actuar como líder y organizador de todos los oprimidos y explotados en la lucha por el comunismo. En 1846 Marx escribió:

> No consideramos el comunismo como un *estado de cosas* que deba realizarse; ni como un ideal al que la realidad debe conformarse. Por comunismo entendemos un movimiento real que barrerá el estado actual de las cosas. Las condiciones para ese movimiento surgen de premisas ya existentes[2].

Con estos postulados, Marx quiso decir: el crecimiento de la clase trabajadora (tanto en número como en conciencia de clase), la industria a gran escala y la producción socializada desarrollada por el capitalismo.

El desarrollo de las fuerzas productivas del trabajo social es la misión histórica y la justificación del capital. Precisamente con él

---

1 Marx, K., (1860), *Herr Vogt*.

2 Marx, K., y Engels, F., *La ideología alemana*, p. 37, Ediciones Grijalbo.

crea inconscientemente las condiciones materiales para una forma de producción superior.[3]

Pero la propiedad privada de los medios de producción –que es el fundamento mismo del capitalismo– obstaculiza y frena el desarrollo ulterior de las fuerzas productivas. Solamente el proletariado puede romper los grilletes; tras establecer su dictadura, el proletariado tiene que destruir la maquinaria del Estado burgués; debe defender su propio poder estatal en la guerra civil y aplastar la oposición de la burguesía; debe apoderarse de la gran industria y transformar los medios de producción en propiedad social, con el fin de reestructurar la producción con una orientación socialista y, sobre las ruinas del capitalismo y utilizando el material que deja, dar el mayor desarrollo posible a la producción socialista con la mayor rapidez posible.

El proletariado asume el liderazgo de los sectores no proletarios de la sociedad que están oprimidos y explotados por el capitalismo. Bajo la dirección del proletariado industrial y con la ayuda de su dictadura, tiene lugar una transformación completa de la producción y los pequeños productores se convierten en miembros de la sociedad socialista. El proletariado crea así una nueva base material para las relaciones humanas. Mediante la lucha de clases, y con la ayuda de su dictadura, abole las clases y logra una sociedad sin clases. Tal es la misión histórica del proletariado en todo el mundo.[4]

La teoría revolucionaria, es decir, las deducciones y generalizaciones científicas basadas en la experiencia de la revolución y del movimiento de la clase obrera en todos los países, es de vital importancia para la lucha revolucionaria de la clase obrera en la actualidad. «Sin una teoría revolucionaria no puede haber movimiento revolucionario», dijo Lenin. Los

---

3 Marx, K., *El Capital*, Libro Tercero, pp. 332 - 333, Siglo Veintiuno Editores.

4 Véase Lenin, V.I., «El Estado y Revolución» en *Obras Completas*, Vol. XXXIII, Editorial Progreso.

fundamentos de esta teoría fueron establecidos por Marx y Engels y desarrollados por Lenin. Durante varias décadas, el proletariado ha tenido la oportunidad de probar esta teoría por su propia experiencia en la lucha de clases. Esta teoría ha jugado, y sigue jugando, un papel enorme en la lucha de la clase obrera. Por ejemplo, en Rusia no podríamos haber tomado ni retenido el poder, ni podríamos haber abordado correctamente los problemas de la construcción del socialismo, si no fuera por la mano firme y el liderazgo constante del Partido Comunista, basado en la teoría revolucionaria del marxismo, y si no fuera por el hecho de que la clase trabajadora se dio cuenta de que esta dirección era la correcta. Si la clase obrera se guía en sus luchas por la teoría del marxismo y el leninismo, derrotará a la burguesía en todo el mundo.

El marxismo no proporciona recetas prefabricadas que puedan aplicarse de manera uniforme en cualquier circunstancia sin más reflexión. La teoría marxista «no es un dogma, sino una guía para la acción». Da la línea general sobre cómo se debe conducir la lucha de la clase obrera. Habiendo estudiado todos los fenómenos sociales de la época, habiendo liderado él mismo el movimiento obrero, Marx hizo ciertas deducciones, indicó la tendencia general del desarrollo y señaló cuál debe ser el curso necesario de los acontecimientos futuros. Mostró que la transformación revolucionaria de la sociedad capitalista en una sociedad comunista era inevitable, que el proletariado tomaría el liderazgo en esta transformación, que un período de transición del capitalismo al comunismo era ineludible y que la forma de Estado durante ese período de transición sería la dictadura del proletariado. Pero Marx, por supuesto, no pudo pronosticar, y nunca intentó pronosticar, los acontecimientos detallados del progreso de la revolución mundial. Marx pensaba que para decidir qué se debe hacer en un momento histórico dado, en un país dado y bajo condiciones dadas, uno debe estudiar cuidadosamente (con la ayuda del método del comunismo científico) todas las características específicas de la situación dada (que está en constante cambio) y la situación que existe no solo dentro del país en sí, sino en todos los demás países del mundo. El marxismo considera que solo mediante un estudio de este tipo pueden

> [...] los representantes de una clase determinada capaces de pensar [adquirir] los conocimientos y la experiencia necesarios y, además de los conocimientos y la experiencia, la perspicacia política indispensable para resolver pronto y acertadamente los problemas políticos complejos.[5]

El marxismo extrae sus ideas de la lucha real de las masas. La teoría marxista se elabora en estrecha conjunción con el movimiento revolucionario de masas. No se basa en principios «inventados o descubiertos por tal o cual reformador del mundo», sino que son la expresión «de conjunto de las condiciones reales de una lucha de clases existente, de un movimiento histórico que se está desarrollando ante nuestros ojos»[6].

La teoría del marxismo ayuda al proletariado a comprender «las condiciones y la naturaleza de su propia tarea»[7].

El deber del teórico proletario no es crear planes socialistas en su propia cabeza; su deber es descubrir las condiciones para la emancipación de la explotación que se crean en el proceso mismo de desarrollo social y económico; debe encontrar en el progreso mismo de los acontecimientos el camino que conduzca a la solución de los problemas de las masas explotadas; debe ayudarlas en su lucha por el comunismo y guiarlas en la lucha, para que la sociedad basada en la explotación sea destruida lo

---

5 Lenin, V.I., «La enfermedad infantil del "izquierdismo" en el comunismo» en *Obras Completas,* Vol. XLI, p. 55, Editorial Progreso.

6 Marx, K., y Engels, F., «El Manifiesto Comunista», en *Biografía del Manifiesto Comunista*, p. 218, Ediciones Tinta Roja.

7 Engels, F., *La revolución de la ciencia por el Señor Eugen Dühring [Anti-Dühring]*, p. 281, Editorial Progreso.

más rápidamente posible y con el menor sacrificio por parte del proletariado y de las clases trabajadoras en general. Como hemos dicho, debido a la posición que ocupa en la producción y la sociedad, el proletariado puede y debe asumir el deber de organizar una sociedad comunista. La teoría del marxismo debería ayudar al proletariado en la tarea de exterminar todas las formas de explotación lo más rápida y fácilmente posible. Los postulados generales no son suficientes, se requieren soluciones precisas a los problemas cotidianos de la lucha política y la construcción del socialismo. Eso implica un liderazgo científico y una prospectiva basada en el estudio del estado actual de las cosas, utilizando para ello la teoría marxista-leninista. Como el camarada Stalin dijo:

> La teoría puede convertirse en una formidable fuerza del movimiento obrero si se elabora en indisoluble ligazón con la práctica revolucionaria, porque ella, y solo ella, puede dar al movimiento seguridad, capacidad para orientarse y la comprensión de los vínculos internos internos entre los acontecimientos que se producen en nuestro entorno; porque ella, y solo ella, puede ayudar a la práctica a comprender, no solo cómo se mueven y hacia dónde marchan las clases en el momento actual, sino también cómo deben moverse y hacia dónde deben marchar en un futuro próximo.[8]

En el artículo «Nuestra tarea inmediata», escrito en 1899, Lenin señaló que el deber de un partido revolucionario

> no se reduce simplemente a servir al movimiento obrero, sino que es "la fusión del socialismo con el movimiento obrero" (según la definición de K. Kautsky que reproduce las ideas básicas del *Manifiesto Comunista*); su tarea es introducir en el movimiento obrero espontáneo determinados ideales socialistas, ligarlos con las convicciones socialistas, que deben corresponder al nivel de la ciencia contemporánea, ligarlo con una sistemática lucha política por la democracia [esto fue escrito seis años antes de la Revolución

---

8 Stalin, I., «Fundamentos del leninismo» en *Obras Completas*, Vol. VI, p. 32, Ediciones en Lenguas Extranjeras.

de 1905 –*V.A*], como medio para hacer realidad el socialismo; en una palabra, fusionar este movimiento espontáneo en un todo indivisible con la actividad del *partido revolucionario*. La historia del socialismo y de la democracia en Europa Occidental, la historia del movimiento revolucionario ruso, la experiencia de nuestro movimiento obrero: he aquí *la materia* que debemos dominar para crear una organización y una táctica convenientes de nuestro Partido.[9]

En el mismo artículo, Lenin dice que las fórmulas prefabricadas no deben aplicarse automáticamente a condiciones nuevas y específicas: «El material debe ser analizado [...] de forma independiente, pues no encontraremos muestras prefabricadas»[10].

Lenin señala que «las condiciones del movimiento obrero ruso son completamente diferentes a las del movimiento de Europa occidental».

Tampoco los primeros partidos revolucionarios de Rusia podían tomarse como ejemplo en todos los aspectos. Si bien reconoció «la necesidad de aprender la técnica revolucionaria y conspirativa de los viejos líderes rusos», Lenin señaló que «de ninguna manera nos exime del deber de examinarlos críticamente y de elaborar nuestra propia forma de organización»[11].

Así es como Lenin, observando escrupulosamente el método marxista, define el alcance de la teoría e indica la necesidad de estudiar independientemente cada experiencia nueva y de hacer uso de todo lo que fue valioso en el desarrollo pasado.

Ya hemos dicho que, según Marx, el teórico proletario debe dar expresión a los objetivos revolucionarios del movimiento de masas; debe guiar ese movimiento y, al mismo tiempo, aprender de él y aprovechar la experiencia de toda la revolución internacional. Este fue el espíritu con el que Lenin escribió y

---

9 Lenin, V.I., «Nuestra tarea inmediata» en *Obras completas*, vol. IV, p. 201, Editorial Progreso. Las cursivas son de Lenin.

10 Ibíd., p. 497.

11 Ibíd., p. 497.

actuó. Valoraba mucho a los teóricos que se mantenían en estrecho contacto con las masas. En 1918 escribió:

Lo que distingue al marxista revolucionario del pequeño burgués y del filisteo es el saber *predicar* a las masas ignorantes la necesidad de la revolución que madura, *demostrar* que es inevitable, *explicar* que es útil para el pueblo, preparar para ella al proletariado y a todas las masas trabajadoras y explotadas.[12]

En este pasaje, Lenin enfatizó la importancia de la capacidad de mantener el contacto con las masas no ilustradas, la capacidad de atraerlas al movimiento y llevarlas a posiciones revolucionarias, de modo que «las masas mismas se van convenciendo, por propia experiencia, de que las consignas del Partido son son acertadas, de que su política es justa»[13]. Este es uno de los principios fundamentales del leninismo. Está incorporado en el Programa de la Internacional Comunista y es uno de los rasgos característicos y distintivos de las actividades tanto de Marx como de Engels.

Porque la tarea de los comunistas –dijo Lenin–, consiste en saber *convencer* a los elementos atrasados, en saber actuar entre ellos y no en *aislarse de ellos* con consignas puerilmente "izquierdistas" sacadas de la cabeza.[14]

En 1914, el periódico liberal *Rech*, al hablar sobre la lucha que los bolcheviques estaban librando contra los liquidacionistas[15], lamentó el «traslado de la disensión a las filas de los trabajadores».

---

12 Lenin, V.I., «La revolución proletaria y el renegado Kautsky» en *Obras Completas,* vol. XXXVII, p. 312, Editorial Progreso.

13 Stalin, I., «Fundamentos del Leninismo» en *Obras Completas*, vol. VI, p. 132, Ediciones en Lenguas Extranjeras.

14 Lenin, V.I., «La enfermedad infantil del "izquierdismo" en el comunismo» en *Obras Completas*, vol. XLI, p. 39, Editorial Progreso.

15 *Liquidacionistas*: socialistas reformistas –mencheviques– que propusieron la liquidación de la organización del partido clandestino y en su lugar favorecieron exclusivamente las actividades legales. [N. de la Ed. Ing.].

Lenin, en un artículo titulado «Los métodos de lucha de la intelectualidad burguesa contra los obreros», escribió:

> Nosotros *aplaudimos* que "se lleven las discordias a las masas obreras", pues justamente ellas y solo ellas *distinguirán* entre las "discordias" y las discrepancias de principio, se orientarán *por sí mismas* en las discrepancias, se formarán *su* propia opinión y decidirán, no "con quien ir, sino a dónde ir", es decir, el problema de una línea suya, definida, clara, trazada y comprobada por ellas mismas.[16]

Esta línea de acción puede elaborarse, y la ilustración política de las masas trabajadoras solo puede lograrse, en el curso de «una lucha constante y tenaz hasta el final, de liderazgo proletario y luchas dirigidas contra la burguesía»[17].

Además, nunca se debe olvidar que las masas aprenden por su propia experiencia, de los acontecimientos y no solo de los libros. En su prefacio a la edición alemana de 1890 de *El Manifiesto Comunista*, Engels escribió:

> En cuanto al triunfo final de las tesis del *Manifiesto*, Marx ponía toda su confianza en el desarrollo intelectual de la clase obrera, fruto obligado de la acción conjunta y de la discusión. Los sucesos y vicisitudes de la lucha contra el capital, y más aún las derrotas que las victorias, no podían menos de revelar al proletariado militante, en toda su desnudez, la insuficiencia de los remedios milagreros que venían empleando e infundir a sus cabezas una mayor claridad de visión para penetrar en las verdaderas condiciones que habían de presidir la emancipación obrera.[18]

Así, es de la lucha de masas real del proletariado contra la burguesía y de la dirección consciente de la lucha por parte de la

---

16 Lenin, V.I., «Los métodos de lucha de la intelectualidad burguesa contra los obreros» en *Obras Completas,* vol. XXV, p. 360, Editorial Progreso.

17 Lenin, V.I., *Obras completas,* vol. XVII, Editorial Progreso.

18 Engels, F., «Prefacio a la edición alemana de 1890» en *Biografía del Manifiesto Comunista,* p. 193, Ediciones Tinta Roja.

vanguardia del proletariado, el Partido Comunista, que emerge como movimiento el comunismo científico, que se diferencia fundamentalmente del socialismo reformista utópico y pequeño burgués. El comunismo científico no se basa en buenas intenciones, sino en la lucha de clases del proletariado y en el reconocimiento de la necesidad de la dictadura del proletariado. La formulación teórica de los principios del comunismo científico es el marxismo y el leninismo, siendo este último una elaboración del marxismo a la luz de las nuevas condiciones. Esta teoría abarca cuestiones generales de filosofía y método, así como su aplicación concreta. Es esencial para el proletariado en sus luchas: imparte conciencia, confianza y decisión al movimiento. Aquellos que son capaces de manejarla se salvan de aberraciones e incertidumbres; nos permite determinar el camino correcto a seguir y hace más fácil y segura la conquista y la consolidación de la victoria.

II
La importancia internacional del leninismo

Debido a la íntima relación que existe entre teoría y realidad, los grandes cambios que han ocurrido desde la muerte de Marx y Engels tuvieron que encontrar su reflejo en la teoría.

La base teórica que Lenin tomó de Marx, a saber, el materialismo dialéctico, fue desarrollada por él de forma independiente.

Lenin vivió y actuó en condiciones nuevas y diferentes, y hubo que reconsiderar una serie de cuestiones. Utilizando el método de Marx, resolvió el difícil problema de cómo debe llevarse a cabo la lucha por el marxismo revolucionario en las nuevas y complejas condiciones creadas por la era del imperialismo y los inicios de la revolución proletaria mundial. Desde la muerte de Marx, ninguno de los teóricos y líderes importantes de la Segunda Internacional ha podido hacer frente a este problema. Lenin fue capaz de resolverlo porque mantuvo el contacto más estrecho con el movimiento de masas del proletariado y dominaba la teoría marxista como nadie más lo había hecho. El propio Lenin fue la expresión más auténtica de la misión histórica y mundial del proletariado. Habiendo liderado él mismo la lucha en el curso de tres revoluciones, fue capaz de hacer avanzar y desarrollar la teoría marxista en todos sus componentes. Tenemos razones suficientes, por tanto, para describir el leninismo como el marxismo de la época del imperialismo y la revolución proletaria.

La época de Lenin difería de la época de Marx y Engels. Marx y Engels vivieron y desarrollaron su teoría en un momento en que el proletariado comenzaba a emerger definitivamente como una fuerza independiente, a raíz de lo cual la burguesía se inclinaba cada vez más a llegar a un acuerdo con las fuerzas de la reacción. En su libro *El dieciocho brumario de Luis Bonaparte*, escrito en 1852, Marx afirmó que el siglo XIX vio el comienzo de la revolución proletaria. Basó su declaración en las conclusiones teóricas a las que había llegado como resultado de la Revolución de 1848. En un discurso pronunciado en la primavera de 1852 con motivo del aniversario del *People's Paper*[19] dijo:

Las llamadas revoluciones de 1848 no fueron más que pequeños hechos episódicos, ligeras fracturas y fisuras en la dura corteza de la sociedad europea. Bastaron, sin embargo, para poner de manifiesto el abismo que se extendía por debajo. Demostraron que bajo esta superficie, tan sólida en apariencia, existían verdaderos océanos, que solo necesitaban ponerse en movimiento para hacer saltar en pedazos continentes enteros de duros peñascos. Proclamaron, en forma ruidosa a la par que confusa, la emancipación del proletariado, ese secreto del siglo XIX y de su revolución.

Y al concluir su discurso dijo:

Los trabajadores ingleses son los primogénitos de la industria moderna. Ciertamente, entonces, no serán los últimos en ayudar a la revolución social producida por esa industria –una revolución que significa la emancipación de su clase en todo el mundo, que es tan universal como el capital–, el gobierno y la esclavitud asalariada.[20]

---

19 Una revista cartista. [N. de la Ed. Ing.].

20 Marx. K., «Discurso pronunciado en la fiesta del aniversario del People's paper» en *Obras Escogidas*, Vol. I, p. 513, Editorial Progreso.

Marx proclamó la inevitabilidad de la revolución proletaria, pero aún no había comenzado por completo durante la vida de Marx y Engels.

Marx previó que el curso de los acontecimientos conduciría inevitablemente al monopolio del gran capital. Pero fue solo después de la muerte de Marx y Engels cuando realmente se produjo la extensión del dominio del capitalismo monopolista por todo el mundo, lo que a su vez llevó al dominio del capital financiero y al imperialismo. En los años sesenta [del siglo XIX], Inglaterra fue el centro del desarrollo y el dominio del gran capital (y del saqueo de las colonias). Pero a finales del siglo XIX y principios del XX, el capitalismo se había desarrollado en varios otros países (particularmente en Alemania y Estados Unidos) con mucha más fuerza que en Inglaterra. Todas las colonias ya habían sido tomadas. Y así, a fines del siglo XIX, estalló una lucha desesperada entre las grandes potencias imperialistas depredadoras, no por la división del mundo, sino por su redistribución. Comenzó la época del imperialismo: la fusión del capital bancario usurero con el capital industrial para formar capital financiero. Lo que Lenin llamó «capitalismo moribundo y en decadencia» comenzó. Para conocer las peculiaridades de esta condición y las principales características de la economía del imperialismo –la última y última etapa del desarrollo del capitalismo– consulte la gran obra de Lenin, *Imperialismo, fase superior del capitalismo*, y su artículo, «El imperialismo y la escisión del socialismo».[21]

Antes incluso de la guerra imperialista, pero particularmente tras su estallido, se creó una situación revolucionaria en los países donde el capitalismo estaba más desarrollado como consecuencia del agravamiento extremo de las contradicciones del capitalismo, la carestía de la vida, el aumento de la opresión y el deterioro generalizado de las condiciones de la clase obrera.

---

21 Lenin, V.I., *Obras completas*, vol. XXX, Editorial Progreso.

La revolución comenzó a extenderse incluso antes de la guerra. En Oriente, la revolución siguió los pasos de la Revolución de 1905 en Rusia; en 1906 estalló en Persia, en 1908 en Turquía y en 1911 en China. En los países europeos, el acercamiento de la revolución fue anunciado por las grandes huelgas en Inglaterra (la huelga general de los ferrocarriles en 1911, la huelga de los mineros en 1912), las luchas de los trabajadores en Alemania (las manifestaciones a favor del sufragio universal en Prusia en 1910), y las manifestaciones de la clase obrera en Rusia (las huelgas de protesta contra los tiroteos de Lena en 1912, las huelgas en Bakú y otras ciudades en el verano de 1914, las manifestaciones en San Petersburgo, acompañadas de enfrentamientos armados y la construcción de barricadas, etc.).

La revolución proletaria acechaba en todos los países capitalistas. Habían madurado las condiciones fundamentales para la transición al socialismo; una revolución proletaria se había convertido en una necesidad objetiva. La dictadura de la burguesía debía ser reemplazada por la dictadura del proletariado, ya que de todas las clases de la sociedad moderna solo el proletariado era capaz de sacar a los trabajadores del callejón sin salida al que la burguesía lo había llevado.

Sin embargo, de todos los partidos obreros del mundo, solo los bolcheviques rusos, encabezados por Lenin, demostraron estar realmente preparados para asumir la dirección de la revolución proletaria.

En los países de Europa occidental, en el largo período de reacción que siguió a la supresión de la Comuna de París en 1871, los partidos obreros se habían acostumbrado a perseguir únicamente formas legales de lucha de clases. El oportunismo abundaba: se había acumulado una gran cantidad de «basura oportunista», como la llamaba Lenin.

Una de las principales razones de la fuerza del oportunismo fue el hecho de que en todos los países imperialistas la clase capitalista sobornó al estrato superior de la clase trabajadora (la aristocracia obrera numéricamente pequeña) con los superbeneficios obtenidos del saqueo de las colonias y semicolonias. Así, hubo una sección –una sección numéricamente pequeña, es cierto– de la clase obrera que se puso del lado de la burguesía y sirvió como vehículo de su influencia entre el proletariado.

Pero la situación cambió por completo con el estallido de la guerra imperialista. Luego, en los países occidentales, en las monarquías y repúblicas constitucionales «libres», la revuelta armada y la transformación de la guerra imperialista en guerra civil se convirtió en una necesidad urgente, porque no había forma de escapar de la explotación excepto mediante una lucha encarnizada.

De todos los partidos europeos, solo el Partido Bolchevique Ruso se había preparado seriamente para esta lucha, debido al hecho de que en Rusia se estaba desarrollando una situación revolucionaria desde mediados del siglo XIX. El movimiento revolucionario ruso fue el más poderoso de Europa.

En Rusia prevalecían todas las contradicciones del período moderno del imperialismo: la opresión de las nacionalidades esclavizadas por una nación dominante y la opresión militar-feudal del zarismo, que era la forma más brutal de opresión política que existía entonces. La nobleza terrateniente aún sobrevivía en Rusia y había muchas supervivencias de la servidumbre en la vida económica (particularmente la de los campesinos), en los hábitos y costumbres y en las instituciones políticas. Al mismo tiempo, el capitalismo se estaba desarrollando rápidamente: la industria a gran escala crecía rápidamente y se concentraba en unos pocos centros; esto iba acompañado del crecimiento de la clase trabajadora. El capital bancario, los conglomerados y los trusts, esas formas superiores de capital financiero imperialista, también se desarrollaron, particularmente después de 1905. La guerra de clase del proletariado contra la burguesía se extendió y fue acompañada por el crecimiento de la guerra de los campesinos contra la nobleza terrateniente. En otras palabras, tuvimos una combinación de dos guerras de clases, que Marx consideraba excepcionalmente favorable para la victoria proletaria.

Marx y Engels habían señalado en su tiempo el acercamiento de la revolución en Rusia, el desarrollo extremadamente rápido del capitalismo en ese vasto país y el yugo insoportable del zarismo.

Habían comprendido: 1) la complejidad de la estructura social en Rusia, es decir, la existencia de las formas más primitivas junto con las más modernas («todas las etapas del desarrollo social están representadas, desde la comuna primitiva hasta la industria moderna a gran escala y las altas finanzas», como escribió Engels a V.I. Zasúlich en 1885); 2) tuvieron en cuenta la existencia de una situación revolucionaria; vieron que la revolución solo requería una sacudida para poner en acción a grandes masas de personas; 3) previeron que la explosión revolucionaria sería tremendamente poderosa y que inevitablemente asumiría un carácter de lo más violento y amargo («Rusia se encamina hacia una revolución de lo más violenta», escribió Marx a Engels en 1870); 4) previeron que en este *último* de los grandes países europeos en atravesar la revolución industrial capitalista, el conflicto asumiría dimensiones sin precedentes. «Esta vez el choque superará a todo lo hasta ahora; todos los factores están ahí: intensidad, extensión universal, enredo de todos los elementos sociales poseedores y dominantes», escribió Engels a Marx el 14 de abril de 1856; 5) se dieron cuenta de la tremenda importancia de la revolución rusa para la revolución mundial. Marx y Engels nunca dudaron de que esta sería una revolución socialista[22].

De enorme importancia para la revolución rusa y para el desarrollo de la teoría leninista fue el hecho de que ya se había acumulado una experiencia considerablemente amplia en la revolución y en la organización de la clase trabajadora, y que la teoría de Marx y Engels había sido elaborada con detalle y

---

22 Véanse las cartas de Marx a Engels, 13 de noviembre de 1859; 13 de febrero de 1863; 27 de septiembre de 1877, entre otras.

adoptada y probada por el partido proletario revolucionario y por las masas. El Partido Bolchevique creció y ganó fuerza en el curso de una larga lucha y la experiencia de varias revoluciones. Acumuló la experiencia del movimiento obrero internacional y de las revoluciones de Europa occidental y transmitió esta experiencia a las masas.

En *La enfermedad infantil del "izquierdismo" en el comunismo*, Lenin escribió:

> Rusia logró el marxismo, como la única teoría revolucionaria correcta, virtualmente a través del *sufrimiento*, por medio siglo de tormentos y sacrificios sin precedentes, de heroísmo revolucionario sin precedentes, energía increíble, búsqueda y estudio minuciosos, pruebas en la práctica, decepciones, comprobaciones y comparaciones con la experiencia europea.

Lenin también enfatizó el valor y la importancia de la experiencia directa ganada por el Partido Bolchevique en la larga lucha contra la autocracia, la burguesía liberal, los revolucionarios pequeñoburgueses vacilantes e inseguros (como los socialrevolucionarios, los anarquistas, etc.), y contra las diversas tendencias y desviaciones dentro de sus propias filas. Estas desviaciones e influencias burguesas fueron superadas en la lucha que se libró contra las diversas formas de oportunismo que se manifestaron sucesivamente: el Economismo[23], el Menchevismo[24], el Movimiento Liquidacionista[25], el social-

---

23 *Economismo*: también conocido como *economicismo*, se trata de una corriente de la socialdemocracia rusa que planteaba de forma mecanicista la relación entre movimiento obrero y conciencia revolucionaria, llevándolos a renunciar a la lucha política en favor de la lucha económico-sindical. Lenin dedicó una gran parte de su libro *¿Qué hacer?* a polemizar contra este planteamiento.

24 *Menchevismo*: facción minoritaria del POSDR tras su II Congreso en la que se agrupaban los elementos vacilantes y oportunistas del partido.

25 *Liquidacionismo:* tendencia caracterizada por la renuncia a la organización y actividad ilegal, en lo que subyace la negación de la lucha de clases, convirtiendo así al partido obrero en un partido burgués.

patriotismo[26] y las tendencias que se disfrazaron de fraseología de «izquierda», como el «Otzovismo»[27], «*Vperyodismo*»[28], «Comunismo de izquierda[29]», etc., así como contra el conciliacionismo[30], una forma de oportunismo disfrazada y, por tanto, particularmente peligrosa.

Lenin sometió la revolución rusa y el desarrollo del bolchevismo a un análisis detallado en varios de sus escritos, por ejemplo, «Las tareas de los socialdemócratas rusos»,« Informe sobre la revolución de 1905», «Carta de despedida a los obreros suizos», «Con motivo del cuarto aniversario de la Revolución de Octubre», «Nuestra Revolución», especialmente *La enfermedad infantil del izquierdismo.*

Nos hemos ocupado particularmente de la revolución rusa, porque fue en Rusia donde se desarrolló el Partido Bolchevique. Pero sería un error asumir que el bolchevismo (en otras palabras, el leninismo) se basa únicamente en las experiencias de Rusia y que es un fenómeno puramente ruso. El leninismo fue elaborado a partir de la experiencia internacional y su significado es internacional. Solo mediante una revolución proletaria podrá el proletariado revolucionario y las masas oprimidas que luchan contra el imperialismo en todo el mundo lograr su emancipación. El leninismo es la teoría del proletariado, resume y explica

---

26 *Socialpatriotismo*: también denominado *socialchovinismo*, es la tendencia nacida en la Primera Guerra Mundial que subordina los intereses de la clase obrera a los de su burguesía nacional bajo la lógica de la «defensa de la patria».

27 *Otzovismo*: del ruso, tendencia favorable a la *retirada* de los diputados socialistas de la Duma. [N. de la Ed. Ing.].

28 *Vperyodismo*: tendencia representada por los socialistas agrupados en torno al periódico *Vperyod* (*Adelante*). [N. de la Ed. Ing.].

29 *Comunismo de izquierda:* forma de oportunismo político caracterizada por el radicalismo pequeñoburgués.

30 *Conciliacionismo*: tendencia favorable a la conciliación entre grupos políticos o clases sociales, desdibujando con ello el antagonismo social o ideológico.

esta experiencia, enseña a la clase obrera cómo conducir su lucha y cómo asegurar la victoria, tomar el poder, consolidar sus conquistas y liderar a los trabajadores en su lucha contra la explotación. También nos enseña cómo debe construirse el socialismo.

En su folleto *La revolución proletaria y el renegado Kautsky*, Lenin dice que la popularidad del bolchevismo en todo el mundo se debe a la profunda simpatía que tienen las masas por las tácticas genuinamente revolucionarias, porque la revolución ha comenzado a madurar en todo el mundo. Enumera los logros del bolchevismo y declara que las tácticas bolcheviques se basaron en una correcta apreciación de la situación revolucionaria que había surgido en toda Europa.

El bolchevismo desenmascaró y derrotó a la vieja y pútrida internacional de los socialtraidores. Sentó las bases ideológicas y tácticas de la Tercera Internacional, que tuvo en cuenta los logros alcanzados en la época de la paz, así como la experiencia de la época de la revolución que había comenzado. El ejemplo del Estado soviético demostró que los trabajadores y los campesinos pobres son capaces de tomar el poder político, de defenderlo de los ataques de la burguesía mundial y de construir el socialismo.

Con Rusia como ejemplo, las masas de todo el mundo estaban en condiciones de convencerse a sí mismas de que el bolchevismo había indicado «el verdadero camino de la salvación de los horrores de la guerra y del imperialismo y que el bolchevismo *podía servir de ejemplo en táctica para todos*» (Lenin).

El largo entrenamiento y endurecimiento que el Partido Bolchevique había obtenido en la lucha le garantizaron un lugar importante en la lucha internacional contra el oportunismo y por la creación de la Tercera Internacional Comunista. Mientras cristalizaba la rica experiencia de la revolución rusa, el bolchevismo reflejaba al mismo tiempo la experiencia del movimiento obrero internacional (particularmente el europeo) que había entrado en la era de la revolución socialista.

Antes de la guerra, durante la guerra y después de la guerra, Lenin tuvo constantemente presente en sus escritos la experiencia de toda la lucha internacional. Bajo su liderazgo, se libró una lucha encarnizada contra el oportunismo dondequiera que se encontrara. En este espíritu, el espíritu del marxismo revolucionario, se formaron los partidos comunistas de todos los países europeos. Lenin escribió cartas a los trabajadores de varios países sobre cuestiones de la revolución internacional, señalando que la tarea urgente y esencial en el presente período de la historia era luchar por el establecimiento de la dictadura del proletariado en todo el mundo. Fue bajo el liderazgo de Lenin que se creó la Internacional Comunista y se establecieron los principios fundamentales de su programa, organización y táctica.

El leninismo, por tanto, es el marxismo en la época del imperialismo y de la revolución proletaria. En esta época, el movimiento proletario alcanza nuevos y más altos niveles. El proletariado ha crecido numéricamente; se ha organizado mejor y tiene más conciencia de clase; su actividad histórica ha aumentado; ha aprendido a emplear nuevos métodos en la lucha, porque ahora ha conquistado el poder y ha establecido su dictadura en un vasto país. En sus actividades y en sus escritos, Lenin expresó y analizó los nuevos fenómenos de la nueva época. Liderando la lucha del proletariado en estas nuevas condiciones, Lenin avanzó y desarrolló la teoría marxista e introdujo nuevos elementos en todas sus fases. Por tanto, el leninismo es una nueva etapa en el desarrollo del marxismo.

III
La dialéctica materialista como fundamento teórico del marxismo-leninismo

La esencia del marxismo es la dialéctica materialista. Lenin llamó a la dialéctica materialista «el alma viva del marxismo», «su raíz teórica fundamental». Por tanto, resulta obvia la importancia de dominar el método dialéctico. Se necesita en el estudio de la naturaleza y de la sociedad, en la lucha teórica, en la dirección práctica del proletariado y en su trabajo constructivo.

Los artículos recogidos en el Volumen XI de las *Obras Escogidas*[31] proporcionan una exposición general de la dialéctica materialista y su aplicación al estudio de la naturaleza y de la historia de la sociedad humana y del pensamiento humano. Debemos aprender a aplicar este método estudiando las obras de Marx y Engels y la aplicación magistral de la dialéctica materialista por parte de Lenin. Toda su vida Lenin fue un estudioso diligente de las obras de Marx y Engels; los leyó una y otra vez, y recurrió a ellos particularmente en cada giro de la historia y en cada nueva etapa de la revolución, cuando surgían nuevos problemas que

---

31 Se publicará la traducción en inglés. [N. de la Edición Ing.]. Desconocemos a qué volumen de las *Obras Escogidas* de Marx y Engels o de Lenin, no queda claro por la redacción, se refiere Adoratsky. Hemos cotejado las distintas versiones de obras escogidas de los diversos autores en castellano, inglés y ruso y no hemos logrado encontrar coincidencia con la temática y el número referenciado. Si algún lector tuviera más información al respecto desde la editorial estaríamos muy agradecidos si nos la hiciese llegar.

resolver. Lenin tomó su dialéctica materialista revolucionaria de Marx y Engels, defendió repetidamente la necesidad de estudiar sus obras para este propósito. Pero decir que Lenin dominó el método marxista no es suficiente; lo desarrolló y lo elevó a un nivel aún más alto.

¿Qué entendemos por dialéctica? Por dialéctica Hegel entiende el progreso de las ideas (pensamiento) por medio de la contradicción, el proceso de su desarrollo hacia un espíritu supremo y absoluto. Hegel enfatizó que tal progreso, tal desarrollo es auto-movimiento. Consideró que cada fenómeno tiene su propio movimiento, su propio proceso de desarrollo, y que este auto-movimiento es el resultado de un impulso inherente al desarrollo. En la antigua Grecia, la dialéctica era el nombre que se le daba al arte de la disputa. Se consideraba que en el curso de una discusión, rica en ideas fértiles, las opiniones de las partes contendientes sufrían un cambio y que de ello resultaba algo nuevo y de naturaleza superior. Por analogía, todo movimiento por medio de la contradicción pasó a llamarse dialéctica. Este fue el sentido en el que Hegel usó el término. Creía que el movimiento se producía universalmente de esta manera, es decir, por un conflicto de contradicciones, la negación de lo viejo y la creación de lo nuevo. Así es como se produce el desarrollo.

Pero la dialéctica de Hegel es idealista. Es el movimiento del pensamiento el que está en la raíz de toda su filosofía. Marx, por el contrario, empleó la dialéctica de manera materialista. Creó el materialismo dialéctico. La *dialéctica materialista* es el movimiento y desarrollo general provocado por el conflicto de contradicciones que tiene lugar en todo el universo, tanto en la naturaleza como en la sociedad, y que se refleja en el pensamiento humano. El *materialismo dialéctico* es la filosofía y el método del marxismo-leninismo revolucionario, un instrumento para el estudio y la transformación de todo lo que existe. El materialismo dialéctico no se limita únicamente al estudio teórico: implica la acción revolucionaria práctica. El pensamiento dialéctico se esfuerza por lograr una concepción completa y global de los fenómenos. Toda opinión expresada es más o menos unilateral.

Lenin, después de conversar con un individuo que había asistido a la escuela *Vperyod* en Capri dirigida por A. Bogdanov, quien políticamente era un seguidor de la facción «otzovista», escribió una carta a Maxim Gorki fechada el 29 de noviembre de 1909[32], en la que él declaró que su concepción previa (de Lenin) de la escuela de Capri había sido unilateral. Él escribió:

> Tenía razón el filósofo Hegel, se lo aseguro: la vida avanza por medio de contradicciones, y las contradicciones vivas son mucho más ricas, mucho más variadas y de mucho mayor contenido que lo que se imagina al principio el cerebro humano. Yo consideraba la escuela únicamente como un centro de la nueva fracción. Resulta que eso es inexacto: no en el sentido de que no haya sido el centro de la nueva fracción (la escuela ha sido ese centro y sigue siéndolo en la actualidad), sino en el sentido de que eso es incompleto, no es toda la verdad. Subjetivamente, ciertas personas convirtieron la escuela en ese centro; objetivamente, lo ha sido; pero, además, la escuela ha extraído de la verdadera vida obrera auténticos obreros avanzados. Ha resultado que, además de la contradicción de la nueva y la vieja fracción, en Capri han aparecido contradicciones entre una parte de los intelectuales socialdemócratas y los obreros genuinamente rusos, que llevarán a la socialdemocracia al camino certero, cueste lo que cueste y pase lo que pase, la llevarán, a pesar de todas las intrigas, reyertas, "historias", etc., del extranjero.[33]

En este ejemplo vemos que hay varias caras de cada objeto y de cada fenómeno. Al considerar ciertas fases, no debemos olvidar aquellas que quedan temporalmente eclipsadas y relegadas a un segundo plano, pero que pueden asumir una importancia primordial en el desarrollo posterior del conflicto

---

32 16 de noviembre según el calendario juliano.

33 Lenin, V.I., «Cartas» en *Obras Completas*, vol. XLVII, p. 245, Editorial Progreso

de contradicciones. Hay que ser capaz de ver el desarrollo de un fenómeno dado en su perspectiva, ver la interrelación de todos sus componentes y, al mismo tiempo, distinguir el «eslabón principal» de cada situación concreta y momento histórico dado. La complejidad de los fenómenos de la realidad, su naturaleza contradictoria y su constante flujo y cambio se reflejan en nuestro juicio sobre ellos, que tampoco puede evitar ser contradictorio y estar en un constante estado de cambio. Eso, sin embargo, no excluye, sino que, por el contrario, impone la necesidad de encontrar respuestas claras y definidas a los problemas que surgen en cada momento. El materialismo dialéctico nos enseña a distinguir las contradicciones de la realidad, a comprender su significado y a estudiar su desarrollo (dialéctica objetiva). Por lo tanto, el progreso de los conceptos (dialéctica subjetiva), al reflejar adecuadamente la realidad, debe ajustarse a lo que está sucediendo en el mundo externo (objetivo) y no debe permitirse separarse de su base. La conciencia debe esforzarse por adaptarse al progreso (dialéctico) del objeto reflejado.

La importancia de las obras de Hegel radica en el hecho de que fue el primero en crear una filosofía que intentó (y hasta cierto punto con éxito) estudiar las leyes generales de la dialéctica. El gran mérito de Hegel consiste en que hizo de la dialéctica la base de su filosofía. Como dijo Marx, Hegel fue «el primero en dar una imagen completa y consciente de las formas generales de movimiento» [es decir, de la dialéctica –V.A.]. Sin embargo, sería un error creer que uno puede simplemente tomar y usar la dialéctica hegeliana sin antes reformularla radicalmente.

El propio Marx declaró que su método no solo difería fundamentalmente del de Hegel «sino que es su opuesto directo». Marx dijo que para Hegel

> el proceso de pensar, al que convierte incluso, bajo el nombre de idea, en un sujeto autónomo, es el demiurgo de lo real; lo real no

es más que su manifestación externa. Para mi, a la inversa, lo ideal no es sino lo material traspuesto y traducido en la mente humana.[34]

La dialéctica hegeliana, en consecuencia, requiere una profunda revisión. Debe ser «puesta del revés» para revelar «el núcleo racional dentro del caparazón místico».

Engels también abordó el mismo tema y lo trató con un espíritu similar. A la pregunta de dónde radica el error de Hegel, responde: en el hecho de que las leyes de la dialéctica «no se extraen de la naturaleza y la historia, sino que se imponen a estas como leyes del pensamiento». De ahí el concepto absurdo de que «el mundo debe ajustarse a un sistema lógico, que en sí mismo es solo el producto de etapas definidas de desarrollo del pensamiento humano».

Engels declara que «esta relación debe invertirse», con lo cual todo parecerá normal y sencillo: «Las leyes dialécticas, que en la filosofía idealista son extremadamente misteriosas, inmediatamente se volverán simples y claras».

En otra ocasión, Engels afirmó que el misticismo de Hegel consistía en que

esto aparece de un modo místico, al considerarse las categorías [es decir, el concepto –*V.A.*] como preexistentes, mostrándose la dialéctica del mundo real como el simple reflejo de este. En realidad, ocurre al revés: la dialéctica de la mente es simplemente la imagen refleja de las formas de movimiento del mundo real, así en la naturaleza como en la historia.[35]

Lenin, como Marx, remodeló completamente a Hegel, invirtió sus tesis, las puso del revés y las interpretó materialistamente.

La lógica de Hegel –escribió– no se puede aplicar en su forma actual: no se puede *dar por sentada*. Debemos *seleccionar* de ella sus matices lógicos (gnoseológicos) y purgarla de *ideas místicas*; esa sigue siendo una gran tarea.

---

34 Marx, K., *El Capital*, Libro Primero, pp. 19-20, Siglo Veintiuno Editores.

35 Engels, F., *La dialéctica de la naturaleza*, pp. 171–172, Editorial Grijalbo.

Una guía valiosa para el estudio de Hegel son sus sinopsis: *La ciencia de la lógica* y *La historia de la filosofía*.

En todo el universo, el desarrollo no se produce como resultado de ninguna causa externa (Dios), tampoco por ningún «propósito» inherente a los eventos, sino por las contradicciones inherentes que están contenidas en todas las cosas y en todos los fenómenos. «La contradicción es la raíz de todo movimiento y de toda vida», escribió Hegel. «Es solo porque una cosa contiene una contradicción en sí misma, que se mueve y adquiere impulso y actividad. Ese es el proceso de todo movimiento y todo desarrollo».[36]

Lenin en su artículo «Sobre el problema de la dialéctica» señala que las contradicciones existen universalmente: repulsión y atracción, electricidad positiva y negativa, la división en partes y la unión de las partes para formar un todo, etc. En todos los fenómenos y procesos de la naturaleza y la sociedad hay tendencias contradictorias, opuestas, mutuamente excluyentes y al mismo tiempo asociadas. La dialéctica, es decir, las contradicciones, unión y lucha de contrarios, prevalece en el mundo material y se refleja en la conciencia.

Las leyes generales de la dialéctica son universales: se encuentran en el movimiento y desarrollo de las nebulosas luminosas inmensurablemente vastas a partir de las cuales en los espacios del universo se forman los sistemas estelares (estos espacios se miden en años luz, es decir, la distancia a través del cual viaja la luz en un año, moviéndose a una velocidad de 300.000 kilómetros por segundo), en la estructura interna de moléculas y los átomos y en el movimiento de electrones y

---

36 V.A.: tal concepción era esencialmente hostil a la creencia en Dios. Los sagaces sacerdotes que controlaban la educación religiosa en Rusia se dieron cuenta muy pronto (en los años sesenta) de que las teorías de Hegel contenían ciertos elementos muy peligrosos. En consecuencia, el estudio de Hegel fue prohibido en los seminarios y academias teológicas a pesar de que la filosofía hegeliana es una filosofía idealista y preserva a Dios bajo el disfraz de la idea absoluta.

protones; estos últimos son también opuestos y conectados entre sí y experimentan transformación, cambio y desarrollo, es decir, también revelan las leyes de la dialéctica en su existencia y en sus movimientos.

El desarrollo del reino animal también procede de las contradicciones y el conflicto de los opuestos (la lucha por la existencia, la procreación por sexo, etc.).

En la sociedad humana, la fuerza impulsora del desarrollo es la lucha de clases. En las condiciones de la sociedad contemporánea, la lucha de la clase revolucionaria, el proletariado, provoca la transición de una forma de sociedad a otra: la transición del capitalismo al comunismo. (Trataremos esto con mayor detalle a continuación).

Es este movimiento dialéctico del universo material el que constituye el objeto de la dialéctica materialista.

Lenin dijo que la «contradicción» es la sal de la dialéctica; su «núcleo» es la unidad y lucha de contrarios.

La dialéctica enfatiza no solo la contradicción y los opuestos, sino también la unidad. Lenin explica así la fórmula «unidad de contrarios»:

> Somos incapaces de imaginar, expresar, medir o representar el movimiento sin interrumpir lo que es continuo, sin simplificar, aproximar, separar y petrificar lo que está vivo. La representación del movimiento del pensamiento es siempre una aproximación, un acto de petrificación, y no solo del pensamiento, sino también de la sensación, y no solo del movimiento, sino de todas las concepciones. Ahí radica la esencia de la dialéctica. Y es esta esencia la que se expresa en la fórmula, la unidad, la identidad de los contrarios.

El filósofo ecléctico griego Zenón (siglo V a.C.), conocido como el padre del método dialéctico, fue el primero en dar una expresión clara a la idea de la contradictoriedad del movimiento. Algunos de sus argumentos han llegado hasta nosotros y muestran que el pensamiento está destinado a llegar a un *callejón sin salida* si no se emplean métodos dialécticos y si no se comprende la unidad de contrarios. He aquí uno de sus argumentos. Una flecha en el curso de su vuelo está destinada a estar en algún punto definido de su trayectoria y ocupar un lugar definido. Si esto es así, entonces en cada momento dado se encuentra en un punto definido en un estado de reposo, es decir, inmóvil; por lo tanto, no se mueve en absoluto. Vemos, pues, que el movimiento no puede expresarse sin recurrir a declaraciones contradictorias. La flecha está en un lugar determinado, pero al mismo tiempo no está en ese lugar. Solo expresando estas dos afirmaciones contradictorias de manera coincidente podemos representar el movimiento. Si nos basáramos solo en la mitad de una frase, desaparecería o bien el movimiento, o bien el propio objeto. Y eso es cierto para cualquier juicio, ya que un juicio expresa solo uno o algunos lados de un objeto, mientras que el objeto tiene innumerables lados e innumerables contactos con el mundo circundante. Por lo tanto, se puede emitir un juicio contrario con respecto a cualquier cosa o fenómeno y, sin embargo, hasta cierto punto será correcto. Las sustancias explosivas empleadas en la guerra causan una tremenda destrucción. Pero empleadas en la industria sirven a la causa de la cultura. Debido al antagonismo de clases, todas las cosas y fenómenos adquieren significados opuestos para cada uno de los bandos combatientes: para el proletariado, el Estado soviético significa victoria; para los capitalistas significa la derrota y el fin de su dominio, y así sucesivamente.

La fórmula «unidad de contrarios» es particularmente importante porque expresa el principal rasgo distintivo del movimiento dialéctico, la propiedad más fundamental de todos los fenómenos.

Con el fin de evitar malentendidos, conviene señalar aquí que la aplicación del método dialéctico no significa combinar arbitrariamente todas y cada una de las afirmaciones contradictorias. La unidad de contrarios no debe entenderse como la simple repetición de postulados elegidos arbitrariamente y de afirmaciones opuestas; es la combinación y el conflicto de los contrarios tal como existen en la realidad y el descubrimiento de las contradicciones en la realidad que son las fuerzas motrices y las bases del movimiento.

Para que se comprendan mejor las características específicas del pensamiento dialéctico, será útil compararlo y contrastarlo con otros métodos y formas de pensamiento no dialécticos. Esto ayudará a resaltar con mayor claridad los rasgos fundamentales de la dialéctica materialista y a dar una idea más precisa de sus leyes, particularmente su ley básica: el movimiento es el resultado de la contradicción, de la unidad y lucha de contrarios.

A la dialéctica se le oponen la metafísica, el eclecticismo, la sofistería y la pueril concepción «evolucionista» del desarrollo. La dialéctica materialista no tolera el uso de esquemas estereotipados y prefabricados. Exige el estudio profundo de las circunstancias concretas, la formulación precisa del proceso real de desarrollo; también exige una acción revolucionaria.

El pensamiento dialéctico es lo opuesto a la metafísica, que considera las cosas y los fenómenos, no en su unidad e interrelación, sino cada uno separado del otro, *fuera* de la gran relación *general* y, en consecuencia, no en movimiento, sino en un estado de reposo, congelado, inmutable y sin vida. El pensamiento metafísico es incapaz de describir las interrelaciones reales y el desarrollo de los fenómenos.

¿Cómo considerar, por ejemplo, la democracia burguesa capitalista? Abordar este fenómeno con una respuesta predefinida sería metafísico. Sería falso decir que el capitalismo es un mal en todo momento y en todas las condiciones. Comparado con el sistema de servidumbre, el capitalismo fue beneficioso: hasta cierto punto liberó a los trabajadores y los colocó en condiciones más favorables para su desarrollo y su lucha por la emancipación. El sistema de servidumbre, por otro lado, fue beneficioso en comparación con el esclavismo. Mientras exista el sistema de servidumbre, mientras predomine, el movimiento hacia el capitalismo es un movimiento progresista. Pero cuando el sistema de servidumbre es abolido, los trabajadores quedan frente a un enemigo principal: el capitalismo. En relación con el pasado, el capitalismo es beneficioso; en relación con el futuro, en relación al sistema más perfecto, es decir, el socialismo, el capitalismo es un mal que debe ser destruido.

Para el proletariado, la democracia burguesa es, por supuesto, preferible a una autocracia zarista. El proletariado no puede sino luchar por derrocar la autocracia. Pero incluso una república democrática es una de las formas del dominio de clase de los explotadores, es decir, la dictadura burguesa, que debe ser reemplazada por un Estado soviético, por la democracia proletaria.

La esclavitud es abominable. Pero la esclavitud era necesaria en una determinada fase del desarrollo histórico de la humanidad, en un pasado remoto, en un determinado nivel de desarrollo de las fuerzas productivas. En aquella época representó una etapa necesaria de desarrollo, un avance definitivo. En una etapa particular del desarrollo de las fuerzas productivas, los enemigos, en lugar de ser asesinados, eran convertidos en esclavos y, así, su fuerza de trabajo era preservada y puesta en uso.

Si nos preguntan qué interés tiene el pasado para nosotros, respondemos que el desarrollo en todo el mundo se da de manera desigual. En un lugar (la URSS) la democracia burguesa es cosa del pasado; en otros lugares (fuera de la URSS) es cosa del presente. Además, las relaciones feudales e incluso las relaciones esclavistas (al menos vestigios de ellas) continúan existiendo en Asia y África e incluso en Europa y América. En la actualidad, todos estos están dominados por la contradicción fundamental entre la burguesía y el proletariado, entre la esclavitud asalariada y la lucha contra la esclavitud asalariada, entre el sistema de Estados capitalistas y la URSS. Sin embargo, al mismo tiempo, continúan existiendo viejas formas de opresión. Solo por sus propios esfuerzos, sin la ayuda de Dios (que sabemos que no existe) puede la humanidad escapar de su existencia bestial, de sus condiciones de vida semi-bárbaras y de las garras de la pobreza, la opresión y la ignorancia. En esta lucha por la emancipación, el proletariado asume el liderazgo. Su lucha es contra las relaciones fundamentales y dominantes de la esclavitud asalariada; pero paralelamente a esta forma de explotación subsisten los vestigios de formas precedentes de opresión, contra los cuales el proletariado debe librar también una guerra encarnizada.

El materialismo dialéctico es la teoría que guía al proletariado en sus luchas. El proletariado hace la guerra a la burguesía y con el tiempo la derrocará; abolirá el dominio de la burguesía y destruirá las relaciones de explotación; pero al mismo tiempo debe asumir y desarrollar aún más los logros culturales que se acumularon bajo el dominio de la burguesía.

El burgués, el capitalista, es nuestro enemigo. Pero habiendo derrotado al enemigo y roto su resistencia, debemos aprovechar su conocimiento y experiencia. Debemos aprovechar los desarrollos culturales y científicos alcanzados bajo el dominio de la burguesía y obligar a los especialistas burgueses a trabajar por la causa del comunismo.

En el proceso de desarrollo todas las cosas ceden el paso a otras, todas las cosas son negadas. Pero el rasgo característico de la negación dialéctica es que no es unilateral, sino que anula mediante la superación. El socialismo no puede realizarse sin dominar y remodelar todo lo que fue acumulado en la etapa anterior del desarrollo histórico y todo lo que fue tomado del pasado y desarrollado por la burguesía. Esta negación dialéctica de la burguesía solo puede realizarla el proletariado, la clase más estrechamente asociada a la gran industria moderna, que es el producto más valioso del desarrollo burgués.

Vemos así que nada es inmutable; todo cambia, todo pasa de un estado a otro. Por esta razón, el pensamiento metafísico, que considera las cosas de forma aislada y las trata como inmutables, no puede reflejar correctamente el incesante proceso de movimiento y la interrelación de todos los fenómenos.

Como hemos dicho, el desarrollo surge de contradicciones inherentes. Por ejemplo, el sistema capitalista es una unidad de contrarios: la burguesía y el proletariado. La dialéctica de esta contradicción fue brillantemente expuesta por Marx en *El Manifiesto Comunista*[37] y en *El Capital*. La burguesía y el proletariado son opuestos; pero al mismo tiempo constituyen una unidad definida: son las clases de una única formación social y económica –el capitalismo– en un estado de contradicción irreconciliable. Esta contradicción será lógicamente resuelta dialécticamente por la lucha interna, la revolución proletaria. La lógica surge de la lucha de masas. En el proceso de la revolución, el proletariado se transforma, se prepara para el desempeño de su misión histórica. En 1846 Marx escribió:

> La revolución no sólo es necesaria porque la clase dominante no puede ser derrocada de otro modo, sino también porque únicamente por medio de una revolución logrará la clase que derriba salir del cieno en que está hundida y volverse capaz de fundar la sociedad sobre nuevas bases.[38]

Esta es una de las ideas fundamentales del marxismo. Marx volvió sobre ella una y otra vez. Así, en 1850, en su discurso a la Liga Comunista, Marx dijo, dirigiéndose a los trabajadores:

> Debéis atravesar quince, veinte, tal vez cincuenta años de guerra civil y conflicto nacional, no solo para cambiar el sistema, sino también para cambiaros a vosotros mismos y haceros aptos para el gobierno político.

Y nuevamente en 1871, en su panfleto *La Guerra Civil en Francia*, repitiendo el mismo pensamiento, Marx dijo:

---

37 Véase Lenin, V.I., «Karl Marx» en *Biografía del Manifiesto Comunista*, Ediciones Tinta Roja.

38 Marx, K., y Engels, F., *La ideología alemana*, p. 82, Editorial Grijalbo.

> Saben [la clase obrera] que para conseguir su propia emancipación, y con ella esa forma superior de vida hacia la que tiene irresistiblemente la sociedad actual por su propio desarrollo económico, tendrán que pasar por largas luchas, por toda una serie de procesos históricos, que transformarán completamente las circunstancias y los hombres.[39]

Aquí discernimos la misma unidad de contrarios, el conflicto mutuo de estos contrarios y la inevitable solución de los conflictos mediante una transición a una nueva forma de sociedad. Sin el largo y severo entrenamiento obtenido en sus luchas, el proletariado no puede capacitarse para realizar su misión histórica.

Es tarea de la dialéctica materialista estudiar la lucha de contrarios que se desarrolla en el mundo que nos rodea y revelarlo en su verdadera forma. Debe buscar los fundamentos dialécticos de las contradicciones y no seleccionar síntomas y fases de los fenómenos de manera casual y ecléctica (es decir, arbitraria e independientemente de su interrelación esencial). Debe tratar de descubrir las fuerzas motrices del desarrollo. Al mismo tiempo, debe participar activamente en la lucha del lado de la clase revolucionaria y dirigir la lucha de masas del proletariado.

> Mis ideales para la construcción de una nueva Rusia no serán quiméricos únicamente si expresan los intereses de una clase realmente existente que está obligada por las condiciones a actuar en una dirección definida. Al adoptar el punto de vista de la objetividad de la lucha de clases, no justifico la realidad; por el contrario, señalo las profundas (aunque a primera vista invisibles) raíces y fuerzas que existen dentro de esa realidad y que posibilitan su transformación.[40]

---

39 Marx, K., «La guerra civil en Francia» en *Obras Escogidas*, Tomo 3, pp. 130–131, Editorial Progreso.

40 Lenin, V.I., «La línea política», en *Obras completas*, vol. XVI, pp. 143–144, edición rusa. Desgraciadamente no hemos logrado localizar este texto en las obras completas en castellano de la Editorial Progreso.

El eclecticismo emplea métodos repugnantes para el materialismo dialéctico. La dialéctica se opone al hábito de los eclécticos de seleccionar arbitrariamente fases aisladas, y a su incapacidad para captar un objeto o un fenómeno como un todo, en su totalidad, y en sus interrelaciones y desarrollo sistemáticos e inevitables tal como existen en la realidad. En lugar de tomar el fenómeno como un todo en su plena complejidad y, al mismo tiempo, en su unidad y totalidad, exageran unilateralmente rasgos, componentes y fases aisladas. La dialéctica materialista exige que se destaque el factor importante, pero que al mismo tiempo se preste atención a aquellas fases que las circunstancias ponen en primer plano. También exige que no se pierda de vista el fenómeno en su conjunto. Las ideas deben representar la interrelación de las diversas fases de los fenómenos tal como existen en la realidad y enfatizar en las contradicciones fundamentales (el «eslabón principal», como lo expresó Lenin, es decir, lo que es esencial para la dirección práctica de la lucha de clases del proletariado). Como uno de los muchos ejemplos de la manera en que Lenin atacó el eclecticismo, se puede mencionar su crítica al camarada Bujarin en la discusión sobre la cuestión sindical[41]. Como ejemplo de su habilidad para destacar el «eslabón principal», y del valor de esta capacidad para la revolución proletaria, podemos referirnos al cambio a la Nueva Política Económica efectuado por el Partido Comunista de la Unión Soviética bajo el liderazgo de Lenin y a la explicación y análisis de Lenin de las circunstancias que acompañaron a esta medida[42].

---

41 Véase Lenin, V.I., «Una vez más sobre los sindicatos» en *Obras completas,* vol. XLII, Editorial Progreso. En el debate en torno al papel de los sindicatos en el socialismo, Lenin señaló los errores burocráticos de la posición defendida por Bujarin y Trotsky frente a la «Oposición Obrera». Particularmente, señaló las confusiones metodológicas a la hora de abordar la cuestión, el eclecticismo que les llevaba a diluir el aspecto político concreto y determinante.

42 Véase Lenin, V.I., «Acerca de la significación del oro, ahora y después de la victoria completa de Socialismo» en *Obras Completas,* vol. XLIV, Editorial

A diferencia de la concepción ecléctica, la dialéctica enseña la doctrina del *carácter concreto de la verdad*. En su introducción a la *Crítica de la Economía Política*, Marx explicó que lo concreto es concreto en virtud del hecho de que combina en sí mismo una multiplicidad de definiciones, porque es «unidad en la diversidad». Lo concreto es toda la naturaleza, toda la realidad que nos rodea: abarca, combina y fusiona todas las contradicciones. Nuestro conocimiento avanza hacia un reflejo cada vez más completo y profundo de esta realidad completa (concreta).

Aunque reconoce la limitación y la naturaleza provisional de los postulados abstractos, el pensamiento dialéctico emplea abstracciones dentro de ciertos límites. Una abstracción selecciona una determinada fase, se concentra en ella y la estudia. En su *Prólogo* al primer volumen de *El Capital*, Marx declara que en el estudio de las formas sociales, y particularmente económicas, ni el microscopio ni los reactivos químicos son útiles. «La fuerza de la abstracción debe reemplazar a ambas». Y en el Volumen I, Capítulo 1 de *El Capital*, en el que analiza los principales fenómenos de la sociedad burguesa de intercambio (mercancía, valor y dinero), Marx nos da un ejemplo de cómo utilizar las abstracciones y de los límites que tienen para la investigación científica.

Por supuesto, cuando Marx se propuso presentar un cuadro general de las leyes de la sociedad capitalista no se limitó solo a esto. Al investigar la realidad en toda su complejidad, debemos esforzarnos por crear una imagen que refleje con la mayor fidelidad posible esa realidad y por descubrir las verdades

---

Progreso; también varios artículos en el mismo volumen. La Nueva Política Económica (NEP), fue la política económica propuesta por Lenin y puesta en práctica a partir de 1922 en sustitución del comunismo de guerra. La NEP fue una forma necesaria en su contexto histórico de capitalismo de Estado orientada a la recuperación económica de la joven URSS tras la guerra civil y que sentaría las bases para ser sustituida, en 1928, por la planificación económica comenzada con el Primer Plan Quinquenal.

concretas que reflejan la situación real en toda su totalidad y en la unidad de sus contradicciones y contrarios.

En las notas que hizo Lenin sobre su lectura de Hegel, declara que «lo concreto [...] es el espíritu y la esencia de la dialéctica». Y en su exposición popular sobre la naturaleza de la dialéctica[43], afirma que uno de los fundamentos de la lógica dialéctica es que «no hay verdad abstracta, la verdad es concreta». Esto significa que uno no debe contentarse con argumentos generales: significa que la realidad exige respuestas claras y precisas a los problemas concretos que surgen en el curso del desarrollo histórico y la lucha de la clase obrera, y significa, además, que si uno quiere expresar una opinión con pleno conocimiento de causa, su mente debe ser capaz de reflejar todas las relaciones y toda la complejidad de las condiciones concretas de los fenómenos dados y expresar las leyes generales de desarrollo de esos fenómenos.

En contraposición a la concepción *dialéctica* del desarrollo, que revela toda la complejidad de un proceso, tenemos la concepción pueril y superficial de desarrollo «pacífico», de la *«evolución»* sin contradicciones y sin saltos, convulsiones ni revoluciones. Esta concepción es impotente frente al proceso real de desarrollo. De hecho, una concepción genuina de la evolución que se corresponda con la realidad debe abarcar no solo cambios graduales, sino también cambios repentinos, «saltos», rupturas en la continuidad. Sin tales saltos ningún fenómeno puede explicarse, ya que sería necesario suponer que nada nuevo puede surgir, que todo existe ya en una forma imperceptiblemente diminuta, susceptible de crecimiento posterior. De hecho, sin embargo, nos encontramos constantemente con rupturas en la continuidad y con la aparición de nuevas cualidades que antes no existían. Los cambios de forma siempre se producen en la realidad mediante revoluciones, saltos. En el proceso de

---

43 Véase Lenin, V.I., «Una vez más sobre los sindicatos» en *Obras completas,* vol. XLII, Editorial Progreso.

desarrollo se niegan formas antiguas y toman su lugar formas nuevas que, a su vez, son negadas.

El nacimiento es un acto revolucionario. Sin embargo, el período durante el cual el niño es llevado en el vientre de la madre es un período de cambio lento y gradual. El desarrollo social avanza mediante la lucha de clases y la revolución. La dialéctica da una teoría del desarrollo verdadera y profunda; lo representa como siguiendo un camino complejo, no directo, y comprendiendo no meramente la acumulación de cambios lentos y graduales, sino también períodos de cataclismo, cambios repentinos, saltos, revoluciones, movimientos inversos (como si tomara impulso para dar un salto repentino hacia adelante), reflujo y flujo, etc.; la evolución tal como la representan los ideólogos burgueses es un proceso sencillo, suave y tranquilo. La dialéctica es difícil y compleja, «astuta», como la expresó Hegel; es muy difícil de entender y dominar. Pero qué le vamos a hacer, cuando el mundo de la realidad y el proceso de su desarrollo son en sí mismos complejos, y no los procesos simples que el buen y respetable ciudadano quisiera que fueran.

La muerte de lo viejo y el nacimiento de lo nuevo es un proceso complicado y difícil. En todo desarrollo, lo que importa es el proceso en su conjunto, y no meramente el resultado.

Es un puro autoengaño creer que se pueden recoger los frutos sin un trabajo largo y arduo. Aquellos que temen a la revolución, que se alejan de los métodos de lucha que impone la realidad, son, en la práctica, partidarios de los explotadores y traidores a la causa de la emancipación de la clase obrera de la esclavitud asalariada.

En 1918 Lenin explicó el significado y la importancia de la lucha de clases que estaba teniendo lugar en aquel momento de la siguiente manera:

> Cuando la burguesía y los funcionarios, administrativos, médicos, ingenieros, etc., acostumbrados a servirla, recurren a medidas extremas de resistencia, los intelectuales se horrorizan. Tiemblan de

miedo y lloriquean lastimosamente sobre la necesidad de volver al «compromiso». Nosotros, por el contrario, como todos los verdaderos amigos de las clases oprimidas, solo nos regocijamos por la extrema resistencia ofrecida por los explotadores; porque esperamos que el proletariado crezca hasta la edad adulta y madure para el poder no mediante la persuasión y la súplica, no en la escuela de la dulce prédica y las declamaciones edificantes, sino en la escuela de la vida, la escuela de la lucha. El proletariado debe *aprender* cómo convertirse en la clase dominante y cómo obtener la victoria completa sobre la burguesía, ya que no puede obtener este conocimiento de antemano. Debe aprender luchando. Y es solo la lucha seria, amarga y desesperada la que enseña algo. Cuanto más extrema sea la resistencia de los explotadores, más enérgica, firme, despiadada y exitosa será su represión por parte de los explotados. Cuanto más variados sean los esfuerzos y empeños de los explotadores para defender lo viejo, tanto más pronto aprenderá el proletariado a expulsar a sus enemigos de clase de sus últimos escondites, a arrancar las raíces de su dominación y a remover el suelo mismo sobre el que la esclavitud asalariada, la miseria de las masas y los beneficios y la insolencia de los ricos pudieron (y, de hecho, tenían que) surgir.

Con la creciente resistencia de la burguesía y sus lacayos, crece también la fuerza del proletariado y del campesinado que se alía con él. Los explotados ganan fuerza y virilidad, crecen y aprenden a deshacerse del «viejo Adán» de la esclavitud asalariada en proporción al aumento de la resistencia de sus enemigos, los explotadores. La victoria está destinada a estar del lado de los explotados, porque de su lado está la vida misma, la fuerza de los números, la fuerza de las masas, la fuerza de las fuentes inagotables de sacrificio y de las reservas idealistas y honestas de energía y talento de la llamada gente «común», los obreros y campesinos, despiertos y deseosos de construir un nuevo orden. La victoria está de su lado.[44]

Estas líneas que describen la dialéctica de la lucha de clases, aunque escritas en 1918, aún conservan su fuerza. Mientras existan las clases y la sociedad de clases, la lucha de clases del

---

44 Lenin, V.I., «Los asustados por la quiebra de lo viejo» en *Obras completas*, vol. XXXV, p. 204, Editorial Progreso.

proletariado es esencial para el desarrollo de la sociedad y para su progreso hacia una forma superior de organización, a saber, el comunismo. Aquellos que no comprenden esto, que se niegan a comprender la necesidad de recorrer el difícil camino hacia el comunismo, que están aterrorizados por las dificultades y ansiosos por escapar de ellas esforzándose por crear la paz entre los explotados y los explotadores, en la práctica son enemigos del comunismo; pues obstaculizan la causa de las masas explotadas y las desvían del único camino para escapar de una sociedad esclavista y explotadora.

Otra grave violación de la dialéctica es la negativa a tener en cuenta las causas reales e inevitables y la evasión intelectual de las etapas por las que hay que atravesar en la realidad. Aquellos que así evaden y anticipan tienden a aislarse de las masas en la política práctica y dejan de liderar la lucha revolucionaria de las masas, haciendo así el juego a la burguesía.

La dialéctica exige que las sucesivas etapas de la transición se definan claramente.

Pueden citarse innumerables ejemplos de la capacidad de Lenin para definir transiciones. Aquí solo mencionaremos la transición (transformación) de la guerra imperialista en guerra civil, una transición de importancia histórica mundial, que Lenin no solo estudió en todos sus detalles, sino en la que participó directamente. La base de esta transición es el desarrollo de la revolución proletaria que, mediante la dictadura del proletariado, provoca la transición del capitalismo al comunismo. Calculó el curso de este desarrollo en toda su complejidad. En 1916 escribió que la inminente revolución socialista sería

una explosión de la lucha de masas de todos y cada uno de los oprimidos y descontentos. En ella participarán inevitablemente partes de la pequeña burguesía y de los obreros atrasados –sin esa participación no es posible una lucha de masas, no es posible revolución alguna–, que aportarán al movimiento, también de modo inevitable, sus prejuicios, sus fantasías reaccionarias, sus debilidades y sus errores. Pero objetivamente atacarán el capital, y la vanguardia consciente de la revolución, el proletariado avanzado, expresando esta verdad objetiva de la lucha de masas de pelaje y voces distintas, abigarrada y aparentemente desmembrada, podrá unirla y dirigirla, tomar el poder, adueñarse de los bancos, expropiar los trusts, odiados por todos (¡aunque por motivos distintos!), y aplicar otras medidas dictatoriales, que llevan, consideradas en conjunto, al derrocamiento de la burguesía y a la victoria del socialismo, victoria que no podrá "depurarse" en el acto, ni mucho menos, de las escorias pequeñoburguesas.[45]

El pronóstico científico contenido en este pasaje fue plenamente corroborado más tarde. Las obras de Lenin escritas en el período 1917-1923 abordan una serie de cuestiones relacionadas con la dirección de la lucha de clases del proletariado en el período de transición del sistema de explotación capitalista a una sociedad comunista sin clases. En una serie de artículos analiza las distintas etapas de la revolución y las distintas fases del propio período de transición. Destaca los rasgos fundamentales de los fenómenos actuales y muestra de dónde y hacia dónde se está produciendo la transición. Esto es necesario para que se hagan todos los esfuerzos posibles para extender y profundizar la revolución proletaria y asegurar el triunfo de su causa. Solo gracias a su comprensión teórica del significado de la lucha revolucionaria pudo la dirección del Partido de Lenin asegurar la victoria del proletariado, la dictadura del proletariado y el posterior desarrollo de la construcción socialista.

Como ya se ha dicho, la capacidad de distinguir la secuencia lógica de las etapas de transición no solo tiene importancia teórica; tiene también gran importancia práctica en la dirección de la lucha del proletariado y en la determinación de su estrategia y táctica[46].

---

45 Lenin, V.I., «Balance de la discusión sobre la autodeterminación» en *Obras completas*, vol. XXX, p. 57, Editorial Progreso.

46 Véase Lenin, V.I., «Cartas sobre la táctica» en *Obras completas*, vol. XXX, pp. 138–152, Editorial Progreso.

Lenin poseía la facultad de discernir el conflicto de contradicciones y de contrarios tal como se producían en la realidad actual. Ya hemos dicho que el materialismo dialéctico exige la expresión y formulación del proceso real de desarrollo.

La *dialéctica* genuina (objetiva) se distingue de la *sofistería*, que no estudia el proceso real de desarrollo en su totalidad, sino que se entrega a un juego arbitrario de ideas. Se pueden encontrar muchos ejemplos de sofistería en la guerra librada por los oportunistas contra el marxismo revolucionario y particularmente en las declaraciones de Kautsky y Plejánov después de que se convirtieron en traidores al marxismo revolucionario. Un examen de los sofismas de los oportunistas es dado por Lenin en su [obra] *La bancarrota de la Segunda Internacional*, donde afirma que:

> La dialéctica exige un análisis completo del fenómeno social concreto en su desarrollo y que lo exterior y aparente sea reducido a las fuerzas motrices esenciales, al desarrollo de las fuerzas productivas y a la lucha de clases.[47]

El sofista, sin embargo, elige un postulado que solo es correcto bajo ciertas condiciones, en lugar de emprender una investigación integral, e ignora el punto más importante, a saber, que las condiciones bajo las cuales el postulado dado es correcto pronto dejan de existir, que todo el entorno cambia y que, como resultado, todo lo demás cambia radicalmente. Por ejemplo, Marx y Engels hablaron de la legitimidad de las guerras por la emancipación nacional que tuvieron lugar en Europa en la primera mitad del siglo XIX, por ejemplo, en Prusia en 1813. Kautsky toma estas palabras de Marx y Engels y las aplica a un época diferente, a saber, a las guerras del siglo XX, que son esencialmente imperialistas y depredadoras. «Es el

---

47 Lenin, V.I., *Obras completas*, vol. XXVI, p. 219, Editorial Progreso.

método de todos los sofistas de todos los tiempos citar ejemplos obviamente relacionados con casos básicamente diferentes»[48].

El libro completo, *La bancarrota de la Segunda Internacional*, es un brillante ejemplo de dialéctica materialista. El libro da una explicación detallada y precisa de la naturaleza de la sofistería de los oportunistas. En las obras de Lenin encontramos innumerables ejemplos de cómo aplicar la dialéctica materialista y cómo combatir los puntos de vista falsos y tergiversadores de los oportunistas. Lo encontramos en sus escritos polémicos contra los populistas: *Quiénes son los "amigos del pueblo" y cómo luchan contra los socialdemócratas*; contra Struve: *El contenido económico del populismo y su crítica en el libro del Sr. Struve*; contra los economistas: *¿Qué hacer?*; contra los mencheviques, los liquidacionistas, los «otzovistas» y contra Trotsky: *Dos tácticas de la socialdemocracia en la revolución democrática, Notas de un publicista, Violación de la unidad bajo el pretexto de la unidad*. También lo encontramos en su polémica filosófica contra los machistas[49]: *Materialismo y empiriocriticismo*. El verdadero método dialéctico para superar el argumento de la oposición es el único método correcto, es decir, no dejarlo de lado (eso no es difícil), sino hacer un análisis detallado, una investigación concienzuda de la cuestión en todos sus detalles, basada en una estudio profundo del objeto de disputa como un todo (al mismo tiempo sin sacrificar la comprensión general de todo el tema por los detalles). El resultado es una concepción profunda y completa; las cosas se revelan en las relaciones que guardan entre sí en la realidad. Llegamos así a una verdad concreta que se aproxima a una comprensión completa y exhaustiva del sujeto como unidad de contrarios.

No podemos comprender el capitalismo a menos que comprendamos la unidad de contrarios constituida por la burguesía y el proletariado y que no nos demos cuenta de la

---

48 Ibíd., p. 236.

49 El término «machistas» hace referencia a los discípulos del filósofo socialdemócrata Mach.

inevitabilidad de la transición del capitalismo al comunismo por medio de la lucha de clases del proletariado. No podemos comprender la unidad de contrarios: éter y materia[50], electricidad negativa y positiva, atracción y repulsión[51]. La lucha de contrarios, la sucesión perpetua de formas, las transiciones de un estado a otro, de una forma a otra: tal es la dialéctica del mundo que nos rodea.

En nuestra descripción de la dialéctica hasta ahora nos hemos detenido solo en su ley básica, a saber, en la unidad de contrarios. Hemos hecho esto porque esta ley es la más importante de todas y la que menos se ha tratado en la literatura popular. Esta ley, así como las otras leyes, «la transformación de la cantidad en calidad» y la «negación de la negación», se explica brillantemente en el *Anti-Dühring* de Engels[52].

En el próximo capítulo nos ocuparemos de la ley dialéctica de la «transformación de cantidad en calidad».

---

50 El éter fue un concepto utilizado por las ciencias, particularmente por la física del siglo XIX, para referirse a un tipo especial de materia que no eran capaces de explicar aún. Más adelante, esta idea quedó descartada por la comunidad científica. Aun así, Engels, en *Dialéctica de la Naturaleza*, cuando aún era presente la idea de la existencia del «éter», escribe: «¿Es el éter algo material? Si existe, tiene que ser algo material, entrar en el concepto de materia». El par categorial al que debería referirse Adoratsky en este caso no es materia-éter (puesto que este último, en caso de existir, sería solamente una forma de materia; por tanto, no se trata de una relación dialéctica de opuestos); el verdadero par categorial en este caso es el de idea-materia. Lo que se le opone a la materia como categoría de la dialéctica no es otro tipo de materia, otra *forma* que ella pueda adoptar, sino la idea, *lo ideal*.

51 Véase Lenin, V.I., «Sobre el problema de la dialéctica» *Obras completas*, vol. XXIX, p. 321.

52 V.A.: Engels, *Anti-Dühring*, Sección 1, Cap. 12, «Dialéctica: cantidad» y el capítulo 13, «Dialéctica: la negación de la negación». Engels da una muy buena explicación del método dialéctico en su folleto *Del socialismo utópico al socialismo científico*, compilado a partir de tres capítulos de *Anti-Dühring*. El segundo capítulo de este folleto trata de la naturaleza del método dialéctico.

IV
La lucha por el materialismo dialéctico

Hemos visto que el materialismo dialéctico exige el estudio de los fenómenos en su totalidad (concretamente) tal como ocurren en la realidad. También exige a quienes desean guiarse por la teoría marxista en el estudio de las fuerzas impulsoras del desarrollo que tomen parte consciente en el proceso de desarrollo del lado de la clase revolucionaria, organizándola y dirigiendo sus fuerzas. Tal filosofía solo es aceptable para una clase revolucionaria.

La única clase revolucionaria real en la sociedad actual es el proletariado, la clase que «no tiene nada que perder salvo sus cadenas». El materialismo dialéctico contemporáneo es el reflejo teórico de la revolución proletaria de nuestros días.

Solo mediante la organización y la lucha puede el proletariado defender sus intereses, lograr sus objetivos y librarse del yugo de la explotación. Y debe llevar a cabo una lucha organizada e irreconciliable también por su filosofía revolucionaria. La lucha teórica es una parte importante e inseparable de la lucha de clase del proletariado[53]. Ya nos hemos referido anteriormente a la tremenda importancia de la teoría revolucionaria. Hay que enfatizar particularmente en la importancia de la lucha por el materialismo dialéctico.

---

53 Véase Lenin, V.I., *¿Qué hacer?*, Editorial Progreso.

Dos fuerzas principales están en un conflicto constantemente creciente en la lucha de clases de nuestros días, a saber, la burguesía y el proletariado. En correspondencia, tenemos el conflicto de dos sistemas de organización estatal, a saber, la dictadura de la burguesía, por un lado, que protege el sistema de esclavitud asalariada y se basa en la brutal represión de la revolución proletaria (en la actualidad, principalmente por métodos fascistas) y, por otro lado, la dictadura del proletariado, que derroca a la burguesía y reprime a los explotadores y cuya tarea es elevar el nivel de las masas trabajadoras, desarrollar la producción socialista y crear una sociedad sin clases. En la filosofía moderna encontramos correspondientemente dos tendencias principales, a saber, el materialismo dialéctico, la filosofía del proletariado revolucionario, y las tendencias filosóficas hostiles al marxismo revolucionario, que son antimaterialistas y antidialécticas y que en diversas formas defienden puntos de vista reaccionarios, el clericalismo, etc., cuyo objetivo último es mantener al proletariado bajo la influencia ideológica de la burguesía.

La filosofía en general está estrechamente relacionada con la política. En una de sus cartas a C. Schmidt (27 de octubre de 1890), Engels escribió que «los reflejos políticos, jurídicos y morales [...] ejercen la mayor influencia directa sobre la filosofía», es decir, la filosofía está inseparablemente ligada a la política. El predominio de cualquier línea particular en una filosofía tiene un efecto abrumador en la conducta de aquellos que han caído bajo la influencia de esa filosofía. Eso explica, por ejemplo, por qué la burguesía apoya con tanto celo la religión y la creencia en Dios, usándolas en favor de sus objetivos políticos, y por qué, a medida que el sistema capitalista se acerca cada vez más a su declive, apoyan cada vez más el idealismo reaccionario y el clericalismo en filosofía. La defensa de cualquier punto de vista filosófico particular está íntimamente relacionada con la lucha de clases, porque la filosofía es esencialmente filosofía de partido.[54] Los intereses directos de la burguesía la obligan a «perpetuar la confusión teórica» y a esforzarse por mantener al proletariado bajo su influencia intelectual. Al proletariado le interesa resistir todos los intentos de distorsionar la dialéctica materialista, que es su propia arma teórica.

El mismo Lenin, durante todo el curso de su vida activa, luchó contra la filosofía burguesa y el idealismo en todas sus formas y manifestaciones. También luchó contra ese materialismo tosco, no dialéctico y mecánico, absolutamente impotente y desamparado frente al idealismo. En los años noventa, Lenin luchó contra el objetivismo académico, representado por Struve, el subjetivismo de los populistas,[55] y el neokantismo, defendido por los revisionistas encabezados por Bernstein en Alemania y por Struve en Rusia (el neokantismo es hoy la filosofía oficial de los socialdemócratas alemanes, o social-fascistas[56]). A principios de este siglo, Lenin luchó contra la filosofía idealista de Mach y Avenarius y sus seguidores, que en Rusia estaban encabezados por A. Bogdanov. Las opiniones filosóficas de Bogdanov fueron en algún momento bastante populares en nuestro Partido (al igual que las opiniones de E. Dühring entre los socialdemócratas alemanes en los años setenta) y se hizo urgentemente necesario combatirlas.

---

54 V.A.: la filosofía no es «imparcial» o «apolítica»; cada escuela filosófica representa un determinado conjunto de puntos de vista políticos, los puntos de vista de un partido político. Sobre el tema de los partidos en la filosofía, véase Lenin, V.I., «Materialismo y empiriocriticismo» en *Obras Completas*, Vol. XVIII, Editorial Progreso.

55 Véase Lenin, V.I., «Crítica de la sociología de los populistas» en *El contenido económico del populismo y su crítica en el libro del Sr. Struve.*

56 La tesis del socialfascismo fue asumida por el movimiento comunista internacional a raíz del X Pleno Ampliado del Comité Ejecutivo de la Internacional Comunista. Esta, aunque se basó en una apreciación correcta de cómo la actuación de la socialdemocracia favoreció y condicionó el advenimiento del fascismo, marcaba una igualación mecánica entre ambos movimientos que desdibujó sus particularidades históricas y de clase.

Lenin luchó persistentemente contra la filosofía de Bogdánov y de 1906 a 1908 sometió el idealismo y el eclecticismo de Bogdánov a una crítica despiadada. En sus cartas a Bogdanov (lamentablemente no se publicaron en ese momento y no se han encontrado desde entonces, por lo que han quedado sin estudiar) y en su libro *Materialismo y empiriocriticismo*, que apareció en 1909, Lenin explica y critica la esencia de la filosofía de Bogdánov. En 1914 Lenin escribió:

> Los marxistas están convencidos de que la actividad literaria de A. Bogdánov se reduce, en su conjunto, al intento de inculcar en la conciencia del proletariado las concepciones idealistas, retocadas, de los filósofos burgueses.[57]
>
> A. Bogdánov interviene desde hace muchos años como enemigo de la filosofía del marxismo y defiende puntos de vista idealistas burgueses frente al materialismo de Marx y Engels.[58]

Lenin concedió gran importancia a las cuestiones filosóficas y estudió cuidadosamente la literatura sobre filosofía, y en varias ocasiones sometió las opiniones reaccionarias de los filósofos burgueses y sus diversos secuaces a una crítica devastadora[59].

Durante toda su vida activa Lenin estudió la dialéctica materialista, la aplicó, luchó por ella y explicó la necesidad de estudiar y aplicar esta arma teórica del marxismo. Véase, por ejemplo, su folleto «Una vez más acerca de los sindicatos, la situación actual y los errores de los camaradas Trotsky y Bujarin», que apareció en 1921, y su artículo «El significado del materialismo militante», del 12 de marzo de 1922.

---

57 Lenin, V.I., «Acerca de A. Bogdánov» en *Obras Completas*, vol. XXIV, p. 357, Editorial Progreso.

58 Lenin, V.I., «Carta a la redacción» en *Obras Completas*, vol. XXIV, p. 324, Editorial Progreso.

59 Lenin, V.I., «El significado del materialismo militante» en *Obras completas*, vol. XLV, p. 24, Editorial Progreso.

En los años 1913 a 1916 Lenin recopiló material aparentemente con la intención de escribir una obra especial sobre dialéctica materialista. La preocupación por asuntos más urgentes y la proximidad de la revolución le impidieron escribir este libro, pero el material que reunió es muy rico y voluminoso. Se han conservado extractos y notas en cuadernos filosóficos de extremo valor teórico[60]. Tal fue, en general, la lucha que Lenin llevó a cabo a favor del materialismo dialéctico.

Contra el principal enemigo del materialismo dialéctico, cuyos oponentes en la actualidad están representados por las tendencias revisionistas de la filosofía, debe librarse una guerra irreconciliable. Las tendencias antimarxistas y antileninistas se encuentran en la revisión mecanicista del marxismo (el camarada Bujarin, por ejemplo, ha cometido errores mecanicistas), que es el principal peligro, y en el idealismo menchevique (el camarada Deborin y su grupo).

La concepción mecanicista es hostil a la dialéctica; la repudia, la considera escolástica, metafísica, etc. Los mecanicistas se consideran a sí mismos materialistas; pero, de hecho, debido a su incapacidad para pensar dialécticamente, son impotentes frente al idealismo y se ven obligados a abandonar la posición materialista. Como ejemplo, se puede citar la incapacidad de los mecanicistas para abordar la cuestión de la cantidad y la calidad. Esta es una de las cuestiones en las que se revelan particularmente las limitaciones y deficiencias y el carácter metafísico de la filosofía mecanicista. Por lo tanto, nos detendremos en esta cuestión con un poco más de detalle.

De acuerdo a la concepción mecanicista, la explicación de todos los fenómenos debe buscarse en el movimiento mecánico

---

60 Estos textos se publicaron en 1933 y son conocidos como los *Cuadernos filosóficos*. Se trata de una recopilación de resúmenes, anotaciones y reflexiones que hizo Lenin en su profundización en el estudio de las obras de Marx, Engels, Hegel, Feuerbach, Lassalle y Aristóteles. Son unos cuadernos con una gran riqueza de pensamiento para profundizar en el estudio de la dialéctica.

de unidades cualitativamente idénticas e inmutables (átomos, electrones). Todas las diferencias cualitativas entre las cosas se deben a la diferencia en la composición de estas unidades y a la diferencia en su simple movimiento mecánico (desplazamiento en el espacio). Por tanto, la calidad no existe en la realidad actual, sino que depende por completo de nuestras percepciones subjetivas. Objetivamente, solo existe el movimiento mecánico de los átomos y sus relaciones cuantitativas. En la nota que hizo durante su estudio de las ciencias naturales, Engels se refirió a la tendencia a reducir todo al movimiento mecánico y a considerar este como el único objetivo de la ciencia, y dijo que esta concepción «ignoraba la naturaleza específica de otras formas de movimiento». Si bien consideraba erróneo explicarlo todo solamente con el movimiento mecánico, Engels no negó, sin embargo, que el movimiento mecánico es universal y está asociado, de un modo u otro, a todos los fenómenos.

> Esto no quiere decir que cada una de las formas superiores de movimiento no se halle siempre y necesariamente unida a un movimiento realmente mecánico (externo o molecular), exactamente lo mismo que las formas superiores de movimiento producen simultáneamente otras y como la acción química no puede darse sin un cambio de temperatura o un cambio eléctrico, la vida orgánica sin un cambio mecánico, molecular, químico, eléctrico, térmico, etc. Pero la presencia de estas formas accesorias no agota nunca la esencia de la que en cada caso es la forma principal. No cabe duda de que podemos "reducir" experimentalmente el pensamiento a los movimientos moleculares y químicos del cerebro, ¿pero acaso agotamos con ello la esencia del pensamiento?[61]

Así, Engels declara que, aunque no puede haber pensamiento que no esté acompañado de procesos mecánicos y químicos dentro del cerebro, estos por sí solos no explican la naturaleza específica del pensamiento. El pensamiento debe considerarse

---

61 Engels, F., *La dialéctica de la naturaleza*, p. 187, Editorial Grijalbo.

como un todo; su lado interno, subjetivo, debe ser considerado junto con todas las cualidades y condiciones que lo determinan y producen, es decir, en su realidad concreta, y no meramente desde el punto de vista del movimiento mecánico. Este ejemplo ilustra claramente la actitud del materialismo dialéctico ante toda «cualidad» específica, en particular ante un fenómeno tan popular como nuestros procesos de pensamiento. Explica la diferencia entre las concepciones del materialismo dialéctico y las concepciones mecanicistas.

El dialéctico materialista declara que la mente no puede separarse de la materia; nuestra mente («espíritu») es una propiedad de la materia organizada de una manera específica, a saber, el cerebro del hombre, que es miembro de una sociedad específica históricamente desarrollada. Este fenómeno cualitativamente específico existe de hecho en la realidad objetiva. Nosotros mismos somos la mejor prueba de ello, porque somos seres pensantes realizando un trabajo intelectual. Pensamos realmente, no es simplemente que nos lo parezca. Incluso la imaginación es, por así decirlo, pensamiento. El mundo exterior se refleja en la mente del hombre. El pensamiento no es el objeto mismo reflejado en la mente, sino el reflejo del objeto. La teoría de que el mundo exterior se «refleja» en la mente es fundamental para la teoría del conocimiento del materialismo dialéctico. El movimiento de los átomos tiene lugar tanto en un adoquín como en la cabeza de un hombre, y tanto el adoquín como la cabeza reflejan la acción del mundo exterior; pero es perfectamente obvio que el movimiento y el reflejo son cualitativamente diferentes en cada caso. En el próximo capítulo trataremos con mayor detalle la cuestión de nuestro conocimiento.

El materialismo mecánico niega la realidad de una cualidad específica del pensamiento; lo considera meramente como un movimiento mecánico de átomos (electrones) y considera que la materia y la mente son iguales, idénticas. Este materialismo, que niega la realidad de las formas superiores de movimiento y lo reduce todo a un movimiento mecánico burdo y simple, al desplazamiento, se muestra absolutamente impotente ante el idealismo. Porque el idealismo también afirma que el pensamiento y el mundo objetivo son idénticos.[62] El materialismo mecánico, por lo tanto, allana el camino para el idealismo del tipo más subjetivo. Lleva a la inevitable conclusión de que la única realidad son las propias sensaciones, porque por mucho que se pueda negar el pensamiento teórico, esta realidad no se puede negar. Además, el materialismo mecánico no puede resistirse a la creencia idealista en un creador, en alguna fuerza externa al mundo, por la razón de que el materialismo mecánico no puede explicar qué es lo que pone en movimiento el gigantesco mecanismo que el mundo le parece ser. La máquina del mundo del materialismo mecánico requiere de algún impulso externo, el reloj universal requiere que alguien le dé cuerda. No hay forma de salir de este dilema excepto reconocer la existencia de Dios.

Y así, la verdadera dialéctica reconoce la realidad (existencia real) de las cualidades como formas específicas, como la suma de las propiedades y peculiaridades de las cosas. Dentro de los límites de una cualidad definida, pueden ocurrir cambios cuantitativos sin afectar esa cualidad, sin cambiarla; pero solo dentro de límites definidos. Cuando los cambios cuantitativos van más allá de un límite definido, dan lugar a un salto y un cambio en la cualidad; ocurre lo que Hegel denominó la transformación de la cantidad en cualidad y que nos encontramos en el mundo circundante de la naturaleza y la sociedad a cada paso. Dentro de los límites de 0 °C a 100 °C en condiciones terrestres ordinarias (presión atmosférica, etc.) el agua permanece líquida, conserva esta cualidad. Cien grados

---

62 Véase Lenin, V.I., «Introducción» en *Materialismo y empiriocriticismo,* en la que se esboza la visión de Berkeley, que reduce el mundo entero a nuestras sensaciones.

es el punto de ebullición; el agua se transforma de líquido a gas. Cero es el punto de congelación, el agua se transforma en hielo, es decir, en un sólido. Surgen así nuevas cualidades, antes inexistentes.

Con la aparición de una nueva cualidad entran en vigor nuevas relaciones cuantitativas, por lo que también podemos hablar de la transformación de la cualidad en cantidad. El alto nivel cualitativo de la conciencia de clase, de la disciplina, de la organización y de la firmeza de principios del Partido Comunista, que al principio representaba al sector numéricamente pequeño pero en realidad más avanzado del proletariado, posteriormente resultó en que el Partido Bolchevique pudiera asumir el liderazgo del movimiento de millones de personas y obtener el apoyo de decenas de millones. Así, con el paso del tiempo, la calidad se transformó en cantidad.

Otro ejemplo, que ilustra de manera sorprendente la transformación de la cantidad en calidad y el surgimiento de nuevas relaciones cuantitativas sobre la base de la nueva cualidad, es el proceso que está teniendo lugar ahora en la Unión Soviética de transición masiva del campesino individual medio a la colectivización. Se está creando un nuevo estrato social, nuevas cualidades están surgiendo. El campesino medio era el aliado del Estado soviético, pero el campesino de la granja colectiva se está convirtiendo ahora en el baluarte del Estado soviético. Quisiéramos mencionar aquí el hecho al que se refirió el camarada Stalin en uno de sus discursos, a saber, que la puesta en común de las herramientas agrícolas de los campesinos individuales resulta en una productividad del trabajo mucho mayor en las granjas colectivas que la misma cantidad de herramientas y fuerzas representan en las granjas individuales. La colectivización crea una nueva cualidad de las relaciones sociales, que se expresa en una mayor productividad del trabajo y en mejores resultados del trabajo, tanto cualitativa como cuantitativamente.

Pueden citarse un sin fin de ejemplos de la transformación de cantidad en calidad y viceversa. Demuestran la justeza del materialismo dialéctico, que enseña que estos dos aspectos de los fenómenos están estrechamente asociados, se transforman uno en el otro, pero que ambos son reales. La confusión de los mecanicistas surge del hecho de que niegan la existencia objetiva de las cualidades, que consideran los factores cuantitativos como la única realidad y no ven las peculiaridades o, como se le llama científicamente, la naturaleza específica de los fenómenos. La incapacidad para utilizar el método dialéctico también lleva a los mecanicistas a basarse en las conclusiones de una sola ciencia (la mecánica) e ignorar la experiencia de las otras ciencias, con el resultado de que consideran las conclusiones de esa ciencia como la única y última verdad.

Ya en 1908, Lenin presentó argumentos importantes y fundamentales contra el materialismo mecánico. «El reconocimiento de elementos inmutables, de la esencia inmutable de las cosas no es materialismo, sino metafísica, es decir, materialismo antidialéctico», declara en *Materialismo y empiriocriticismo*, y prosigue afirmando que el materialismo dialéctico insiste en el carácter aproximado y relativo de todas las teorías científicas acerca de la estructura de la materia y sus propiedades, en la ausencia de límites absolutos en la naturaleza, en la transformación de la materia en movimiento de un estado a otro aparentemente incompatible, etc. En conclusión, Lenin se declara completamente de acuerdo con la afirmación de Engels según la cual, desde el punto de vista del materialismo dialéctico, solo una cosa es inmutable, a saber, el reconocimiento de un mundo que existe fuera de nosotros y que se refleja en nuestra mente.

Solo una cosa es inmutable, desde el punto de vista de Engels: el reflejo en la conciencia humana (cuando existe conciencia humana) del mundo exterior, que existe y se desarrolla independientemente de la misma. Ninguna otra "inmutabilidad", ninguna otra "esencia", ninguna "sustancia absoluta", en el sentido en que ha expuesto estos conceptos la inútil filosofía profesoral, existe para Marx y Engels. La "esencia" de las cosas o la "sustancia" *también* son relativas; no expresan más que la profundización del conocimiento que el hombre tiene de los objetos, y si esta profundización no fue ayer más allá del átomo y hoy no pasa del electrón o del éter, el materialismo dialéctico insiste empero en el carácter temporal, relativo, aproximado, de todos esos jalones del conocimiento de la naturaleza por la ciencia humana en progreso. El electrón es tan *inagotable* como el átomo, la naturaleza es infinita, pero *existe* infinitamente, y este reconocimiento –que es el único categórico, el único incondicional– de su *existencia* fuera de la conciencia y de las sensaciones del hombre es precisamente lo que distingue el materialismo dialéctico del agnosticismo relativista y del idealismo.[63]

Además del reconocimiento de esta «relatividad y aproximación» de la imagen del mundo creada sobre la base de nuestro conocimiento, que se hace cada vez más profunda, pero que nunca se completa y nunca agota el contenido multiforme del mundo objetivo, el materialismo dialéctico difiere del materialismo metafísico y mecánico en su capacidad para manejar conceptos flexibles y conformarse con los resultados alcanzados.

Cabe señalar aquí que el materialismo mecanicista es esencialmente la metodología de los desviacionistas de derecha. Teóricamente, expresa y justifica los intereses de clase de la última de las clases capitalistas que quedan en la Unión Soviética y, por lo tanto, representa el principal peligro en el frente teórico.

Teorías antidialécticas y contrarrevolucionarias como, por ejemplo, la concepción de los contrarios como una propiedad externa y no interna de los fenómenos, son, en las condiciones imperantes en la Unión Soviética, expresiones teóricas de los intereses de la burguesía. Proporcionan una justificación teórica

---

63 Lenin, V.I., «Materialismo y empiriocriticismo» en *Obras Completas*, Vol. XVIII, p. 289, Editorial Progreso.

para la negación de las contradicciones de clases y de la guerra de clases (del proletariado) y apoyan la conciliación de clases (entre la burguesía y el proletariado). Una de esas teorías es la teoría mecanicista del equilibrio, de la correlación entre un sistema y su entorno. Esto proporciona una base teórica para la teoría de que las empresas kulak crecerán hacia el socialismo a través de las sociedades cooperativas. Según los argumentos de los teóricos de derecha, el «sistema kulak» debería fusionarse con el «entorno» socialista y afirman que existen fundamentos «científicos» para ello. Evidentemente esta es una teoría muy útil para una clase que está siendo liquidada por completo. Justifica y corrobora la política de la derecha, que considera que no debe molestarse a los kulaks.

De ahí que la filosofía mecanicista es esencialmente burguesa y antiproletaria. Sus rasgos generales son que subestima el valor de la teoría, no comprende la dialéctica y es hostil a ella. Este nihilismo teórico y la falta de comprensión de la necesidad del estudio del materialismo dialéctico en la práctica conducen a la rendición de la posición materialista al idealismo y a una sumisión general a la ideología de la burguesía. El materialismo mecanicista es impotente frente al idealismo; es cómplice del idealismo y lo ayuda.

Existe aún otro peligro: el de caer, en compañía de los idealistas (Hegel), bajo la influencia de las abstracciones, de perder el contacto con la realidad concreta, de limitarse a las concepciones dialécticas sin conectar esas concepciones con el desarrollo del mundo objetivo, de no distinguir las categorías de las relaciones materiales del mundo objetivo; en una palabra, el peligro de desviarse por el camino del idealismo y de olvidar las exigencias del materialismo. La amenaza de este peligro proviene del idealismo menchevique del grupo de Deborin, que oculta opiniones idealistas y antimarxistas bajo el disfraz de la fraseología marxista y la pretensión de luchar por el materialismo dialéctico.

Si bien la teoría mecanicista no tiene profundas raíces sociales entre nosotros, el idealismo menchevique es, sin embargo, un peligro real y grave. Vestido con el ropaje del marxismo ortodoxo, actúa como un canal de influencias burguesas hacia el proletariado.

Algunos de los rasgos distintivos característicos de ciertos representantes de esta tendencia, y que de hecho son comunes a toda la escuela del idealismo menchevique son: la ruptura entre la teoría y la práctica; la negación del carácter partidista de la filosofía; «objetivismo» contemplativo y académico; la incapacidad de apreciar a Lenin como materialista y dialéctico; la incapacidad de apreciar la contribución de Lenin al desarrollo del materialismo dialéctico; el encubrimiento de puntos de vista idealistas y no marxistas mediante la fraseología marxista; una «erudición» mojigata totalmente injustificada, porque esta aparente «erudición» no está respaldada por ningún trabajo práctico ni por un estudio positivo del tema.

La revisión idealista del marxismo efectuada por los idealistas mencheviques queda claramente ilustrada por el hecho de que esta tendencia hace que la dialéctica materialista de Marx sea idéntica a la dialéctica de Hegel. De ahí que su revisionismo sea esencialmente de carácter hegeliano.

Los fundadores del socialismo científico siempre enfatizaron la importancia de estudiar el método del materialismo dialéctico. Incluso señalaron cómo se debe hacer, a saber, estudiando la historia de la filosofía y, en particular, a Hegel. En uno de sus prólogos al *Anti-Dühring* (1878), Engels escribió:

> El pensamiento teórico es una propiedad innata solo en forma de capacidad. Debe desarrollarse y perfeccionarse, y para ello no se ha encontrado hasta ahora ningún otro método que no sea el estudio de la historia de la filosofía.

Al estudiar la historia de la filosofía aprendemos la experiencia del pensamiento científico acumulada durante un período de más de dos mil años. En sus cartas a Conrad Schmidt, Engels recomendaba que al estudiar la historia de la filosofía se prestara especial atención a Hegel. Hegel es extremadamente difícil de estudiar. Quienes emprenden su estudio necesitan ayuda, y esta ayuda la brindan Marx, Engels y Lenin (particularmente valiosos son los cuadernos filosóficos de este último a los que nos hemos referido anteriormente).

El idealismo menchevique distorsiona los puntos de vista de Marx, Engels y Lenin y considera que la lógica de Hegel es idéntica a la lógica de Marx. Como hemos visto, Hegel y Marx abordan la cuestión de la relación de la mente con la existencia desde puntos de vista fundamentalmente diferentes.

En su artículo, «Hegel y el materialismo dialéctico», Deborin declara que: «La lógica hegeliana debería servir como punto de partida para el desarrollo o estructura de la dialéctica materialista». Y concluye diciendo:

> En cualquier caso, hace tiempo que se siente la necesidad de una teoría de la dialéctica materialista. La lógica hegeliana no puede satisfacer plenamente esta necesidad, pero debería servir como punto de partida para la dialéctica materialista.

Esta escuela no solo considera la lógica de Hegel como el punto de partida, sino que también considera que su estructura no requiere una alteración radical. Marx puso la lógica de Hegel «patas arriba», es decir, la reconstruyó y la dotó de nuevos principios. Deborin, por el contrario, afirma que «en general, la estructura hegeliana debe considerarse correcta incluso desde el punto de vista materialista».

La visión idealista de la dialéctica se revela aún más en la concepción y aplicación de las leyes de la dialéctica. Tomemos, por ejemplo, la ley fundamental de la unidad de contrarios. Engels y Lenin consideran que esta ley expresa la esencia misma, el «núcleo» de la dialéctica. Lenin dice:

La unidad (coincidencia, identidad, interacción) de contrarios es condicional, temporal, transitoria y relativa. La lucha de contrarios mutuamente excluyentes es absoluto, al igual que el desarrollo y el movimiento son absolutos.[64]

Y según Lenin esta ley dialéctica significa:

El reconocimiento (descubrimiento) de tendencias contradictorias, *mutuamente* excluyentes y opuestas en *todas* las manifestaciones y procesos de la naturaleza (*incluidos* el espíritu y la sociedad).[65]

Así, según Lenin (y Lenin expresa el punto de vista del materialismo dialéctico), la lucha de contrarios es absoluta e inherente a todos los fenómenos del mundo exterior.

Deborin trata la cuestión de manera totalmente distinta. En su artículo, «Marx y Engels» (que, por cierto, es completamente idealista), adopta por completo el esquema idealista hegeliano: afirma que al principio *solo* hay diferencias, que luego pasan a contradicciones, y estas a contrarios. Por tanto, Deborin admite la posibilidad de que los contrarios y el conflicto de contrarios no existan en determinadas etapas. Para él, por tanto, la contradicción no es el punto de partida. Cae así víctima de los mismos mecanicistas, contra los que tanto ha escrito, que también repudian la existencia de contrarios que son inherentes a absolutamente todas las formas de movimiento de la materia.

Como hemos señalado repetidamente, uno de los rasgos fundamentales y distintivos del materialismo dialéctico de Marx es la importancia que le da a la necesidad de una actividad revolucionaria práctica. Marx criticó el carácter contemplativo de los materialistas que le precedieron. Deborin, en cambio, en su prólogo a las obras de Hegel, no dice una palabra sobre este

---

64 Véase Lenin, V.I., «Sobre el problema de la dialéctica» en *Obras completas,* vol. XXIX, p. 322.

65 Ibíd.

rasgo del materialismo dialéctico, sino que, por el contrario, enfatiza su carácter pasivo y contemplativo:

> La tarea del método dialéctico [...] no es introducir nada propio en un objeto, sino observar el proceso de su desarrollo. En este sentido, el método dialéctico es de hecho el único método científico y objetivo real. El método dialéctico simplemente reproduce el proceso de desarrollo de un objeto.

Durante todo el curso de este largo artículo, el autor no dice una sola palabra sobre el componente más importante de la dialéctica materialista, a saber, el trabajo revolucionario práctico. Esto no es un mero accidente.

Una de las características más evidentes del idealismo menchevique, que revela su carácter antiproletario, es la ruptura entre la teoría y la práctica. En un discurso pronunciado en 1920 en el Tercer Congreso Panruso de la Liga de Jóvenes Comunistas de Rusia, Lenin declaró:

> Sin trabajo y sin lucha, el conocimiento teórico del comunismo derivado de panfletos y libros comunistas no vale absolutamente nada, ya que no hace más que perpetuar la vieja separación entre teoría y práctica, que era el rasgo más cuestionable de la vieja sociedad burguesa.

La separación de la teoría y la práctica es característica del idealismo menchevique. Los representantes de esta escuela se ocuparon de la filosofía completamente aislados de las tareas de construcción socialista en la URSS y del movimiento obrero internacional. Separaron la filosofía de la política, en lugar de ponerla al servicio del partido proletario. No es casualidad que prácticamente todos los escritores de esta escuela no quisieran participar en la lucha contra el trotskismo y exponer los errores metodológicos de los fraccionalistas que se oponían a la línea general del Partido. Al divorciar la filosofía del marxismo proletario y de la política leninista, el idealismo menchevique en la práctica se pone al servicio de la política burguesa.

Todo el punto de vista del idealismo menchevique estaba destinado a la separación entre la teoría y la práctica. Esto se reveló claramente en todas las actividades de los representantes de esta escuela. La mayor parte de su literatura consiste en «escribir sobre lo que escriben otros»[66].

Ni un solo problema del materialismo histórico es tratado por los idealistas mencheviques desde el punto de vista de las nuevas experiencias del período revolucionario. Han ignorado las instrucciones de Lenin sobre cómo debe estudiarse la dialéctica. En su artículo, «El significado del materialismo militante», Lenin afirma que la dialéctica debe ser estudiada desde el punto de vista materialista, es decir, hay que estudiar la dialéctica que «Marx aplicó prácticamente en *El Capital*» y en sus obras históricas y políticas, y, también, que la dialéctica debe ser estudiada sobre la base de los ejemplos de la dialéctica «en la esfera de las relaciones económicas y políticas que la historia moderna, particularmente la actual guerra imperialista y la revolución, brindan en gran abundancia». Los representantes del idealismo menchevique fueron incapaces de hacer tal estudio. Toda la línea que adoptaron les impidió hacerlo; les impidió comprender a Lenin como filósofo y apreciar y cumplir sus instrucciones. Se vieron obstaculizados por su punto de vista

---

66 V.A.: esta expresión fue utilizada por Engels en una de sus cartas escritas en los años ochenta en la que caracterizaba a los escritores que colaboraban en *Neue Zeit*. La mayoría de estos escritores eran oportunistas. Estas «personas», escribió Engels, «que se niegan a estudiar cuestiones de principio y que crean una literatura sobre literatura y literatos (nueve décimas partes de la escritura alemana actual es escribir sobre la escritura de otras personas), producirán, por supuesto, un número mucho mayor de páginas impresas en un año que aquellos que estudian seriamente una cosa determinada y que desean escribir sobre otros libros solamente si, en primer lugar, ellos mismos dominan estos libros y, en segundo lugar, si los libros contienen algo sobre lo que valga la pena escribir». Esta descripción encaja perfectamente con los representantes actuales del idealismo oportunista y menchevique actual y los radicales pequeñoburgueses de tipo trotskista que se disfrazan con el ropaje del marxismo ortodoxo.

idealista, abstracto y formal y por su posición de clase como radicales pequeñoburgueses.

En varios escritos, notas y declaraciones, Lenin declaró que la abstracción, la ruptura de la teoría con la realidad, el uso de esquemas y el formalismo eran contrarios a la dialéctica materialista. Por ejemplo, en las notas que escribió en los márgenes de su ejemplar de *Teoría económica del período de transición* de Bujarin, frente al pasaje en el que Bujarin dice que en el período anterior a la guerra «el llamado "Estado nacional" ya era una *pura* (cursiva de Lenin) ficción», escribió Lenin: «No es *pura ficción*, sino una forma impura. La violación del "materialismo dialéctico" consiste en el salto lógico (no material) *sobre* varias *etapas* concretas»[67].

Frente al pasaje en el que Bujarin habla de «negación dialéctica», pero no da una explicación concreta de la naturaleza de la negación ni apoya la fórmula con hechos, Lenin hace la nota: «El autor abusa de *la expresión* "negación dialéctica": no debe usarse sin antes demostrarlo con hechos, debe usarse con *cautela*»[68].

En su cuaderno de extractos, *El Marxismo y el Estado*, Lenin copió la siguiente observación crítica dirigida por Engels contra los oportunistas. Engels afirmó que los oportunistas:

> dan protagonismo a cuestiones políticas generalizadas y abstractas, ocultando así los problemas concretos inmediatos, que surgen automáticamente al primer estallido de los acontecimientos y en la primera crisis política. Lo único que puede resultar de esto es que, en el momento crítico, el Partido de repente se encontrará impotente y que la incertidumbre y la falta de unidad sobre cuestiones importantes reinará en el Partido, por el hecho de que estas cuestiones *nunca fueron discutidas*.

---

67 Lenin, V.I., *Notas al libro de N. Bujarin, La economía del período de transición*, p. 214, Cuadernos de Pasado y Presente.

68 Ibíd., p. 189.

Frente a este pasaje, Lenin anota en el margen:

¡¡Prominencia a lo abstracto, lo concreto oscurecido!! ¡Excelente! ¡Ese es el punto principal![69]

Podrían citarse muchas notas similares.

Lenin, por tanto, condena la aplicación de esquemas prefabricados, la incapacidad o falta de deseo de formular teóricamente la situación actual, con todas sus contradicciones y complejidad, y la incapacidad de pensar de manera concreta. Lenin incansablemente expuso y condenó toda desviación de esta exigencia fundamental del materialismo dialéctico.

No es posible hacer aquí un análisis completo de todo el sistema de opiniones falsas y expresiones equivocadas de los idealistas mencheviques. Se necesitaría mucho espacio para un enfoque histórico, no dogmático, del estudio de la teoría del conocimiento. Al estudiar los problemas del conocimiento hay que tener en cuenta toda la experiencia humana; hay que asegurarse de que la teoría del conocimiento sea realmente materialista; que no habrá ruptura con el objeto conocido y, por último, que se elegirá el camino materialista, es decir, de las cosas a los conceptos, y no de los conceptos a las cosas. El hecho de que la dialéctica sea lo mismo que la teoría del conocimiento es una garantía contra la creación de una esfera especial aislada de la realidad concreta, un sistema de abstracciones y categorías eternas *a la* Hegel.

Como ejemplo de lo erróneo de tales métodos, Marx, en una carta a Annenkov, cita a los doctrinarios, que en vísperas de la Gran Revolución Francesa se esforzaron por preservar el trono, la Cámara de Diputados y la Cámara Alta como componentes esenciales de la vida social y como categorías eternas. Marx dice:

---

69 Lenin, V.I., «El Marxismo y el Estado» en *Obras Completas,* vol. XXXIII, p. 147, Editorial Progreso.

En el siglo XVIII, varias mentes mediocres estaban ocupadas buscando la verdadera fórmula que pondría en equilibrio el orden social, el rey, la nobleza, el parlamento, etc., y se despertaron una mañana para descubrir que, de hecho, ya no había rey, nobleza ni parlamento. El verdadero equilibrio en este antagonismo era el derrocamiento de todas las condiciones sociales que servían de base a estas existencias feudales y a sus antagonismos.

Las «mentes mediocres» no vinculan su conocimiento con la realidad objetiva y material en constante cambio, o lo hacen solo con palabras.

El hecho de que la dialéctica, que exige un pensamiento concreto y una comprensión de la realidad objetiva como un todo, sea la teoría del conocimiento, sirve como garantía de que quienes se guían por la dialéctica no se encontrarán en la desagradable y ridícula posición en la que los doctrinarios se encontraron.

El marxismo revolucionario, es decir, el materialismo dialéctico, nos enseña a abordar dialécticamente las cuestiones del conocimiento, a estudiar la transición del no saber al saber. La dialéctica es una propiedad del conocimiento humano, ya que nuestro conocimiento refleja el movimiento dialéctico del mundo objetivo (naturaleza y sociedad). El materialismo dialéctico no considera definitivos los resultados del conocimiento; sin embargo, al mismo tiempo, no duda de la vitalidad, fertilidad, integridad y objetividad del conocimiento humano ni de su capacidad para superar todos los obstáculos en el proceso de desarrollo social.

El desarrollo del pensamiento humano se basa en el desarrollo del trabajo productivo social. Lenin declaró que «la continuación de la obra de Hegel y Marx debe consistir en el estudio dialéctico de la historia del pensamiento humano, la ciencia y la tecnología».[70]

---

70 Lenin, V.I., «Cuadernos filosóficos» en *Obras Completas*, vol. XXIX, p. 128., Editorial Progreso.

Es sobre esta base que debemos estudiar la unidad de contrarios, es decir, la teoría y la práctica de las relaciones realmente existentes en el mundo circundante y de las concepciones abstractas que surgen en el cerebro humano como reflejo de estas relaciones reales.

Debemos guiarnos por el leninismo en el estudio de la dialéctica materialista y combatir el repudio mecanicista de la dialéctica y su mutilación a manos de los idealistas y mencheviques. Debemos exponer los errores de ambas escuelas y corregirlos. La teoría debe ponerse al servicio de la revolución proletaria y adaptarse a la lucha de clases práctica. La filosofía debe ser completamente filosofía de partido.

En la sociedad de clases, y mientras existan las clases, el marxismo y el leninismo solo pueden existir y desarrollarse combatiendo todas las tendencias, influencias e ideas burguesas y pequeñoburguesas.

V
La dialéctica de la naturaleza y el conocimiento humano

Como hemos dicho, la dialéctica materialista es un instrumento inestimable para el estudio del mundo circundante, de la naturaleza y de la sociedad humana. Marx y Engels estaban profundamente interesados en todas las esferas de las ciencias naturales. Engels hizo mucho en este ámbito. Expuso las conclusiones extraídas de sus estudios en la primera parte del *Anti-Dühring*. Además, escribió una gran obra sobre *La dialéctica de la naturaleza*, que lamentablemente nunca logró publicar (el manuscrito, sin embargo, se conservó y ha sido publicado por el Instituto Marx-Engels-Lenin). La conclusión a la que llegó Engels, a saber, que el desarrollo en la naturaleza tiene lugar de acuerdo con leyes dialécticas y no metafísicas, está sorprendentemente confirmada por la ciencia moderna. Así lo ha señalado Lenin, quien, después de Engels, fue el primero de los teóricos marxistas en estudiar una de las ramas más importantes de la ciencia moderna, a saber, la física.

La ciencia ha avanzado considerablemente desde que Engels prosiguió sus estudios en los años setenta. Lenin examinó los nuevos materiales desde el punto de vista de un dialéctico materialista. Explicó la crisis de la física moderna desde el punto de vista marxista e indicó el camino que debe seguir la investigación científica.

En su crítica de la teoría moderna ataca el clericalismo (idealismo) que se niega a buscar una explicación científica de los fenómenos y que evade el reconocimiento de lo que realmente está sucediendo en la naturaleza, lo que conduce al estancamiento del pensamiento y a la reacción intelectual.

Como hemos dicho, en relación con las disputas que surgieron entre los escritores marxistas después de la Revolución de 1905, Lenin elaboró cuidadosamente la teoría materialista dialéctica del conocimiento. Demostró que había dos líneas de filosofía –idealismo y materialismo– sobre cada una de las cuestiones en disputa: materia y experiencia, sensación y conocimiento, espacio y tiempo, causa y efecto, verdad absoluta y relativa, etc. El idealismo considera que un principio espiritual (es decir, Dios) se encuentra en la base de todo y es idéntico o afín a nuestra mente (que los idealistas separan de su contacto real con la materia). Lenin analiza la filosofía del obispo inglés Berkeley como típica de la filosofía idealista[71]. El materialismo considera incorrecto colocar al espíritu en la base de todos los fenómenos. Considera la materia como la base de todo y afirma que la materia existe independientemente y fuera de nuestra mente. El mundo material externo reacciona sobre nuestra mente, se refleja en ella y la determina. La materia es lo primario, lo fundamental; la mente es secundaria y derivada. La mente está inseparablemente asociada a la materia; es una propiedad de la materia organizada de un modo especial, a saber, nuestro cerebro, y es un producto de la actividad de este último. La mente refleja el mundo exterior. No puede haber mente o pensamiento sin cerebro[72].

---

71 Lenin, V.I., «Materialismo y empiriocriticismo» en *Obras Completas*, Vol. XVIII, Editorial Progreso.

72 Que el cerebro, con toda su composición fisiológica y química, es necesario para el pensamiento, es algo evidente para cualquier materialista. Pero pregunta Engels retóricamente: «¿Acaso agotamos con ello la esencia del pensamiento?». Sin capacidad de relación con el exterior a través de nuestros sentidos, el cerebro no tiene «inputs» y, por tanto, es incapaz de «funcionar». Para la existencia del pensamiento, por tanto, es esencial la existencia de

Los idealistas, en cambio, separan el pensamiento del cerebro y consideran que el espíritu es el principio de todas las cosas. Los idealistas invierten todo el curso de las cosas. En su opinión, la materia se deriva del espíritu. El materialismo declara que no hay «mundo espiritual», no hay mundo «trascendental»; el mundo es unitario y su unidad reside, como dice Engels, en su materialidad.

A través de nuestros órganos sensoriales recibimos impresiones del mundo material que existe fuera de nosotros (la sociedad humana y la naturaleza). Estas percepciones sensoriales proporcionan el material para nuestro conocimiento. El mundo se refleja en nuestra mente porque nosotros mismos somos parte de ese mundo. Tal es la concepción del conocimiento proclamada por el materialismo dialéctico. Un objeto material y nuestra mente constituyen la unidad de contrarios, con los que estamos familiarizados. No debemos, como hacen los idealistas como Berkeley, confundir el mundo externo con nuestra conciencia del mundo externo y hacerlos idénticos. Los objetos externos y nuestra conciencia de ellos son opuestos, no cosas idénticas. Pero lo contrario no es absoluto: el mundo exterior y nuestra conciencia no están aislados el uno del otro. La unidad que tenemos aquí es unidad en el sentido de que sin un mundo material y sin el cerebro del hombre, la conciencia del mundo no puede existir. Es unidad también en el sentido de que nuestra conciencia, en general, refleja fielmente el mundo objetivo. Esto está muy bien explicado por Lenin en las secciones sobre «Verdad absoluta y relativa» y «El criterio de la práctica en la

---

una sociedad: no puede haber pensamiento sin relaciones sociales, sin la conexión de un individuo (con todo su cuerpo, manos, ojos, etc.) con otros individuos, y de todos estos individuos con el mundo natural exterior. Un cerebro aislado, incluso si se pudiera mantener «vivo», sería incapaz de pensar sin la interacción social con el mundo cultural y material. Por tanto, el reflejo del mundo objetivo en la conciencia no es, ni puede ser, un reflejo meramente individual, sino que está siempre «refractado» por la conciencia social, por la cultura de la que el individuo forma parte.

teoría del conocimiento» en el capítulo II de su obra filosófica *Materialismo y empiriocriticismo*[73].

La esencia de la explicación dada por Engels y Lenin es que, si bien debemos darnos cuenta de que en cualquier etapa dada de su desarrollo nuestro conocimiento es relativo, condicional y aproximado, sin embargo, en toda teoría científica, a pesar de sus deficiencias, debemos discernir el grano de la verdad objetiva, el fragmento que refleja correctamente el mundo circundante. Debemos aprender a asimilar y desarrollar esta verdad, aunque nuestro conocimiento es histórico y transitorio. En las obras de Hegel hay mucho de místico, idealista y clericalista, pero contienen los fundamentos del método dialéctico. Debemos ser capaces de seleccionar lo que es verdadero y producto de una mente brillante de lo que es falso, fantástico y anticuado. Eso es lo que hicieron los grandes maestros de la dialéctica materialista, Marx, Engels y Lenin.

Nuestro conocimiento contiene una verdad absoluta (incondicional e incuestionable), es decir, que refleja el mundo externo. La verdad de nuestro conocimiento es probada y confirmada por la práctica.

Ni los viejos materialistas metafísicos ni Hegel fueron capaces de aplicar correctamente el método dialéctico al proceso de desarrollo de nuestro conocimiento. Esto fue hecho por Marx y Engels, y posteriormente por Lenin. En uno de sus cuadernos filosóficos, Lenin escribió:

El acceso de la mente (del hombre) a una cosa en particular, la formación de un reflejo (en otras palabras, una impresión) no es un acto simple y directo; un reflejo de espejo sin vida, sino un acto complejo, doble y en zigzagueante, que alberga la posibilidad de que la fantasía se aleje por completo de la realidad; es más, alberga la posibilidad de que la concepción abstracta, la idea, se transforme (imperceptible e inconscientemente por parte del hombre) en fantasía (y, a la larga, en Dios). Porque incluso en la generalización

---

73 Lenin, V.I., *Obras completas*, vol. XVIII.

más simple y en la idea general más elemental hay un fragmento de fantasía.[74]

La creación de fantasías (por ejemplo, con respecto al poder de los muertos, demonios, Dios, poderes incorpóreos, etc.) se debe a varias causas complejas, la principal de las cuales es la dependencia del hombre a las circunstancias que lo esclavizan, como las fuerzas naturales y sociales que se le aparecen como externas y ajenas. Esto también explica las diversas religiones y creencias.

Aplicada correctamente a nuestro conocimiento, es decir, si se comprende que la mente del hombre está determinada por el desarrollo del mundo material que se desarrolla independientemente de la mente, y del cual el hombre pensante forma parte, la dialéctica materialista es la mejor arma contra el clericalismo, contra el embrutecimiento del pensamiento y contra la sustitución del trabajo vivo de la mente por abstracciones sin vida que terminan en un estancamiento intelectual.

La vieja teoría de la materia era que consistía en partículas simples e indivisibles: los átomos. Descubrimientos recientes han demostrado que los átomos no son simples, sino extremadamente complejos. Los átomos se han dividido en partículas aún más diminutas, electrones.[75] La ciencia ha revelado que las leyes del movimiento de estas partículas difieren de las leyes que rigen el movimiento incomparablemente más lento de grandes masas de materia. Al no estar familiarizados con el materialismo dialéctico, los científicos comenzaron a sacar la conclusión de que con la desaparición del átomo desaparece también la materia, que nuestro conocimiento es impotente y que no estamos destinados a conocer el mundo real; en otras palabras, comenzaron a adoptar el punto de vista

---

74 Lenin, V.I., «Cuadernos Filosóficos» en *Obras Escogidas*, vol. XXIX, p. 336.

75 Véase el capítulo 5, parte 1, «La crisis de la física moderna» en *Materialismo y Empiriocriticismo*.

del idealismo y el agnosticismo. («¡No estamos destinados a conocer!»).

Lenin, sin embargo, demostró que los nuevos descubrimientos, si bien nos obligan a rechazar las viejas teorías de la ciencia, profundizan nuestro conocimiento de la materia y confirman la corrección del materialismo dialéctico, que nos enseña a considerar las verdades científicas no como dogmas inquebrantables, sino como reflejos aproximadamente verdaderos de procesos objetivos; reflejos que están destinados a ser corregidos y perfeccionados por cada nuevo desarrollo de la ciencia. Los nuevos descubrimientos no alteran el punto de vista básico, es decir, lo que conocemos como materia.

El capítulo cinco del *Materialismo y empiriocriticismo* de Lenin, titulado «La novísima revolución en las ciencias naturales y el idealismo filosófico», muestra que los recientes descubrimientos de la física sirven como corroboraciones sorprendentes del materialismo dialéctico.

Gracias a su genio para dominar la dialéctica materialista, Lenin pudo aportar algo también al estudio de los fenómenos naturales. Dio indicaciones precisas de la naturaleza de los errores de los científicos naturales –que son materialistas más bien por instinto– y mostró en qué se desviaban del materialismo debido a su falta de conocimiento de la dialéctica.

Lenin criticó su teoría dialécticamente, separando lo verdadero y corrigiendo lo falso, y mostró cómo debería realizarse la investigación. Como ejemplo citamos su análisis del discurso del físico inglés A.W. Rücker[76], que representaba «el punto de vista instintivo materialista» y cuyos errores se debieron a su ignorancia del materialismo dialéctico. O tomemos su crítica a las obras de Duhem y Stallo[77] en la que, por ejemplo, señala dónde se acerca Duhem al materialismo dialéctico y

---

76 Ibíd., pp. 303 y ss.

77 Ibíd., pp. 343–348.

dónde radica su debilidad, y también muestra cómo desciende a una filosofía reaccionaria debido a su incapacidad para elevarse del materialismo metafísico al materialismo dialéctico.

Sobre el tema de la dialéctica de la naturaleza, en 1885 Engels escribió en su prólogo a la segunda edición del *Anti-Dühring* lo siguiente:

> Es posible llegar a este punto de vista por el mero peso de los hechos que van acumulándose en las ciencias naturales [...]. Las ciencias naturales han avanzado tanto que ya no pueden escapar a la síntesis dialéctica. Pero se facilitará a sí misma este proceso si no pierde de vista que los resultados en los que se resumen sus experiencias son ideas; pero que el arte de trabajar con ideas no es innato y tampoco se da con la conciencia cotidiana ordinaria, sino que requiere un pensamiento verdadero, y que este pensamiento tiene igualmente una larga historia empírica, ni más ni menos que la ciencia natural empírica. Solo aprendiendo a asimilar los resultados del desarrollo de la filosofía durante los dos mil quinientos años pasados podrá librarse, por un lado, de cualquier filosofía natural aislada que se sitúe al margen de ella, fuera de ella y por encima de ella y, por otro lado, también de su propio método limitado de pensamiento, que fue su herencia del empirismo inglés.

Concebimos la naturaleza como la suma total de todos los cuerpos (desde las estrellas hasta los átomos, los electrones y el éter), que se encuentran en un constante estado de interacción y movimiento, cambiando constantemente sus formas y cualidades y pasando de unas a otras. Es imposible comprender su movimiento y la transformación de una forma en otra (por ejemplo, materia inorgánica en materia orgánica) sin utilizar el método dialéctico.

Además, es necesario comprender la diferencia entre la concepción filosófica y la concepción física de la materia. Es absolutamente correcto reconocer la existencia de la materia y del mundo objetivo independientemente y fuera de nuestra mente. El mundo exterior actúa sobre nuestros sentidos y se refleja en nuestra mente. El reconocimiento de la realidad objetiva del mundo exterior es una verdad absoluta, confirmada cada minuto por los hechos y por la práctica. Este es el fundamento de la filosofía materialista. El mundo material es esencialmente cognoscible, ya que el «aparato cognoscitivo», si se nos permite la expresión, no existe fuera del mundo, sino que forma parte de él. Este «aparato cognoscitivo», es decir, las personas pensantes y la sociedad humana, es el fruto de un largo desarrollo. La existencia y el desarrollo de la humanidad son la mejor prueba de su fuerza y vitalidad, y también de la fuerza y vitalidad de la mente humana.

Las teorías de la física, así como otras teorías científicas, no son más que verdades relativas. Se acercan cada vez más a la comprensión del mundo objetivo, por ejemplo, de la estructura física de la materia; su conocimiento se hace progresivamente más profundo; pero nunca pueden resultar en un conocimiento final y exhaustivo, en la verdad última. En su *Materialismo y empiriocriticismo* (p. 152) Lenin dice:

> La doctrina científica de la estructura de la sustancia, de la composición química de los alimentos y del electrón puede quedar anticuada con el tiempo; ¡pero la verdad de que el hombre es incapaz de subsistir solo con pensamientos y engendrar hijos solo por el amor platónico nunca podrá quedarse anticuada![78]

---

78 Ibíd, p. 200.

La dialéctica del desarrollo social

El desarrollo de la sociedad también se produce mediante contradicciones. También aquí la dialéctica materialista es esencial no solo para el estudio de los fenómenos sociales, sino también para dirigir la lucha del proletariado y orientar la actividad histórica. La historia la hacen los hombres. Pero hasta ahora no podía haber una dirección consciente del desarrollo de la historia. La humanidad puede convertirse en dueña de su desarrollo solo después del triunfo completo del comunismo. Engels en el *Anti-Dühring* dice:

> La toma de los medios de producción por parte de la sociedad pone fin a la producción de mercancías y, con ello, a la dominación del producto sobre el productor. La anarquía en la producción social es reemplazada por la organización consciente sobre una base planificada. La lucha por la existencia individual llega a su fin. Y en este punto, en cierto sentido, el hombre finalmente se separa del mundo animal, deja atrás las condiciones de la existencia animal y entra en condiciones que son realmente humanas. Las condiciones de existencia que forman el entorno del hombre, que hasta ahora lo dominaban, pasan en este punto a estar bajo el dominio y control del hombre, que ahora por primera vez se convierte en el verdadero dueño consciente de la naturaleza, porque y en la medida en que se ha convertido en dueño de su propia organización social. Las leyes de su propia actividad social, que hasta ahora se han enfrentado a él

como leyes externas y dominantes de la naturaleza, serán entonces aplicadas conscientemente por el hombre con plena comprensión y, por tanto, serán dominadas por el hombre [...]. Solo a partir de este punto es que los hombres, con plena conciencia, forjarán su propia historia; solo a partir de este punto las causas sociales puestas en marcha por los hombres tendrán, predominantemente, y en una medida cada vez mayor, los efectos deseados por los hombres. Es el salto de la humanidad del reino de la necesidad al reino de la libertad.

Por supuesto, no debe pensarse que este «salto» se producirá en un solo instante, ya que representa un «cambio que marca un punto de inflexión en la historia mundial», una transición a un nuevo tipo de sociedad. Tales saltos, como señalaron Marx, Engels y Lenin, pueden prolongarse durante diez años o más[79]. En la Unión Soviética, el «salto del reino de la necesidad al reino de la libertad» lo está logrando la dictadura del proletariado dirigida por el Partido de Lenin y armado con la teoría revolucionaria. Las ventajas de la planificación en la vida económica y la rapidez del desarrollo de la economía socialista son ya evidentes.

En la esfera del desarrollo social, la ley de la unidad de contrarios y del movimiento por contradicción se manifiesta en las actividades productivas de la sociedad y en la lucha de clases. En la sociedad moderna predomina la producción a gran escala y la contradicción fundamental se da entre el proletariado y la burguesía. Como se ha dicho, Marx, Engels y Lenin otorgaron la mayor importancia a la lucha del proletariado. Consideraban que era su deber principal dirigir la lucha de clases del proletariado y subordinarlo todo a sus intereses.

Aplicando el materialismo dialéctico al estudio de la sociedad, Marx descubrió que la base del desarrollo social es el desarrollo de la producción. La producción material es el fundamento de la vida social porque de ella depende la existencia misma

---

79 Véase Lenin, V.I., «Tareas inmediatas del poder soviético» en *Obras completas*, vol. XXXVI, p. 169, Editorial Progreso.

del hombre. Para existir, los hombres deben comer, beber, vestirse y proveerse de vivienda; solo entonces podrán ocuparse de la política, la ciencia, el arte, etc. (Engels). El trabajo es indispensable para crear las cosas materiales necesarias para la existencia de los hombres. Las actividades productivas de la sociedad humana consisten en extraer cosas de la naturaleza, elaborarlas y adaptarlas a las necesidades del hombre. El trabajo humano, que es esencial para la existencia del hombre, ejerce una influencia decisiva en toda la estructura de la sociedad humana.

La aplicación del materialismo dialéctico a la historia de la sociedad humana se ilustra muy claramente en la teoría de la lucha de clases de Marx. Marx mostró que el desarrollo de la sociedad de clases surge de la lucha de clases, que alcanza su máxima intensidad durante el período de la revolución. La revolución es el resultado de las contradicciones creadas entre las fuerzas productivas de la sociedad humana y las relaciones de producción dentro de las cuales operan y se desarrollan[80]. Bajo el capitalismo, la contradicción entre las viejas relaciones de producción y las fuerzas productivas que han evolucionado y ya no pueden desarrollarse libremente dentro estas relaciones, se manifiesta en la lucha de la clase revolucionaria, el proletariado, contra la clase explotadora, la burguesía. Así, las luchas de la clase revolucionaria impulsan el desarrollo de la sociedad. Marx llamó a la lucha de clases «las batallas del desarrollo de la producción»[81].

Marx no fue el primero en descubrir la existencia de las clases y la guerra de clases, como él mismo afirma en la carta a su amigo Weydemeyer. Pero Marx fue el primero en dar una explicación exhaustiva de la base de las divisiones de clases (es decir, una etapa definida de desarrollo de la producción). Fue

---

80 Véase Lenin, V.I., «Karl Marx» en *Biografía del Manifiesto Comunista*, p. 321, Ediciones Tinta Roja.

81 Carta a Weydemeyer, 5 de marzo de 1852.

el primero en dar una explicación completa del significado y la importancia de la lucha del proletariado moderno y del papel que desempeña. Señaló cómo y bajo qué condiciones se lograría la abolición de las clases y la transición a una sociedad sin clases con la ayuda de una revolución proletaria y la dictadura del proletariado. Marx fue el primero en descubrir la ley general del desarrollo social y, de esta manera, transformó el socialismo de utópico a científico.

En un artículo escrito en 1899, Lenin afirmó que la teoría de Marx

convirtió por primera vez el socialismo de utopía en ciencia, asentó los sólidos cimientos de esta ciencia y trazó el camino que debía seguirse para desarrollarla y elaborarla en todos sus aspectos. Esta teoría reveló la esencia de la economía capitalista moderna, explicando cómo la contratación del obrero, la compra de la fuerza de trabajo, disimula la esclavización de millones de desposeídos por un puñado de capitalistas, propietarios de la tierra, de las fábricas, las minas, etc. Mostró que todo el desarrollo del capitalismo moderno tiende a desplazar la pequeña producción por la grande y crea premisas que hacen posible e indispensable la organización socialista de la sociedad. Enseñó a ver, bajo el manto de costumbres arraigadas, intrigas políticas, leyes intrincadas y teorías hábilmente fraguadas, la lucha de clases, la lucha entre todo género de clases poseedoras y las masas de desposeídos, el proletariado que encabeza a todos los desposeídos. Estableció que la verdadera tarea de un partido socialista revolucionario no consiste en inventar planes de reorganización de la sociedad, ni en predicar a los capitalistas y sus acólitos que mejoren la situación de los obreros, ni tampoco en urdir conjuraciones, sino en organizar la lucha de clase del proletariado y dirigir esa lucha cuyo objetivo final es la conquista del poder político por el proletariado y la organización de la sociedad socialista.[82]

Sería un grave error imaginar que la producción social y el desarrollo social tienen lugar, como los fenómenos naturales

---

82 Lenin, V.I., «Nuestro programa» en *Obras completas*, vol. IV, p. 194, Editorial Progreso.

(cambio de estaciones, rotura del hielo del río, eclipse de sol, etc.) independientemente de los esfuerzos conscientes de los hombres. La historia está hecha de hombres, por sus actividades productivas, por sus acciones de masas y por sus luchas de clases. Los propios hombres construyen su cultura material y espiritual, utilizando los cimientos heredados de las generaciones precedentes. El desarrollo histórico sigue un camino extremadamente complejo. Surgen conflictos entre las fuerzas productivas de los hombres y las relaciones de producción que ya no corresponden a estas fuerzas productivas. Una vez que la sociedad se ha dividido en clases, el desarrollo se produce por los conflictos de esas clases expresados en diversas formas: ideológicamente (en la esfera de la filosofía), científica, política, etc., así como en formas puramente físicas: guerras entre clases y entre naciones. Las contradicciones inherentes al desarrollo social se resuelven «mediante la acción práctica y violenta de las masas»[83].

El «orden» y la opresión en la sociedad de clases se mantienen mediante la violencia, mediante el poder estatal organizado de los explotadores. Este «orden» puede ser destruido y reemplazado por un nuevo tipo de orden solo con la ayuda de la violencia organizada de la clase revolucionaria. En nuestro tiempo, esto debe tomar la forma de la dictadura del proletariado, instaurada por la revolución con el objetivo de crear una sociedad comunista sin clases[84].

Según Marx y Lenin, las revoluciones son los factores más vitales y decisivos en la historia de la sociedad humana. «Las revoluciones son las locomotoras de la historia», dijo Marx. Este aforismo fue citado por Lenin en su folleto *Dos tácticas de la socialdemocracia en la revolución democrática*, en el que también se refirió a la revolución como «la fiesta de los oprimidos y

---

83 Marx, *Carta a Annenkov*, 1846.

84 Lenin, V.I., «Acerca del Estado» en *Obras completas*, vol. XXXIX, pp. 69-90, Editorial Progreso.

explotados». Escribió: «En ningún otro momento las masas populares están en condiciones de participar tan activamente como creadoras de un nuevo orden social como en la época de la revolución»[85].

En otro artículo escribe:

> El marxismo se distingue de todas las demás teorías socialistas por su admirable combinación de sobrio análisis científico de las condiciones objetivas y del proceso objetivo de evolución con el reconocimiento más enfático de la importancia de la energía revolucionaria, del poder creativo revolucionario y de la iniciativa revolucionaria de las masas, así como, por supuesto, de los individuos, grupos, organizaciones y partidos que sean capaces de establecer contacto con las masas.[86]

Esto nos lleva a una fase extremadamente importante del materialismo dialéctico, a saber, su insistencia en la importancia del trabajo revolucionario activo. La historia la hacen los hombres. La ciencia histórica estudia de qué manera se realiza, qué fuerzas de clase participan en las acciones históricas y cómo se produce el desarrollo histórico. Pero el mero estudio no es suficiente. No solo debemos estudiar historia, sino hacer historia; el «hacer» historia es mucho más importante y mucho más interesante que estudiarla (aunque eso, por supuesto, es esencial). Tanto Marx como Lenin consideraban que uno de los defectos del viejo materialismo era su incapacidad para «comprender las condiciones y apreciar el significado de la actividad revolucionaria práctica», sin la cual el materialismo, en su opinión, era incompleto, unilateral e inanimado.

El marxismo revolucionario no adolece de este defecto. En todas sus actividades, Lenin (como Marx) fue un destacado exponente de la dialéctica materialista revolucionaria y un

---

85 Lenin, V.I., *Obras Completas*, vol. XI.

86 Lenin, V.I., «Contra el boicot (notas de un publicista socialdemócrata)» en *Obras Completas*, vol. XVI, p. 25, Editorial Progreso.

teórico del proletariado, que combinó plenamente el «análisis sobrio y científico del estado objetivo de los fenómenos» con la «iniciativa y energía revolucionarias». Fue un dirigente de la revolución proletaria, un estratega y táctico de la lucha de clases del proletariado.

El lector encontrará una brillante apreciación y descripción de las obras de Marx y Engels y de sus actividades desde este punto de vista en el prefacio a la traducción rusa de las *Cartas de Marx a Kugelmann* y en la introducción a la traducción rusa de *Las cartas de J.P. Becker, J. Dietzgen, F. Engels, K. Marx y otros a F.A. Sorge y otros*. Este aspecto de las actividades de Lenin debe estudiarse detenidamente. Es precisamente este factor el que hace del marxismo una verdadera teoría revolucionaria, pues, como Lenin enfatizaba con frecuencia, a menos que la teoría revolucionaria se combine con la práctica revolucionaria, no es marxismo, sino oportunismo.

Las obras de Lenin se inspiraban en la política revolucionaria y estaban estrechamente asociadas con la lucha de clases del proletariado. El resumen más completo de los principios básicos de la estrategia y la táctica del leninismo se encuentra en el folleto *La enfermedad infantil del izquierdismo en el comunismo*, mientras que en *¿Qué hacer?*, *Dos tácticas de la socialdemocracia en la revolución democrática*, *El Estado y la revolución*, y *La revolución proletaria y el renegado Kautsky*, se encuentran valiosas indicaciones.

Dar una descripción completa de la gran y compleja labor que Lenin llevó a cabo al liderar la lucha de clases del proletariado es una tremenda tarea que aún queda por hacer. Muchas fases de la labor de Lenin como dirigente y teórico del proletariado apenas se han estudiado (por ejemplo, su papel en la dirección de la Guerra Civil y su labor en la organización y dirección de la dictadura del proletariado; incluso su importancia como líder y teórico del Partido no ha sido aún resaltada y apreciada adecuadamente). Esto no puede hacerse en un solo artículo, requeriría un volumen completo o varios volúmenes. En este artículo solo podemos tratar algunos de los postulados más importantes de la táctica revolucionaria del leninismo y mostrar cuán tremendamente importante fue la dirección consistente y firme del Partido Leninista, basada en un análisis estrictamente científico de las condiciones objetivas, para el éxito de la revolución.

En primer lugar, conviene señalar que el leninismo, aunque siguió fielmente la concepción marxista del Partido y de su papel como *vanguardia de la clase obrera*, desarrolló aún más esta concepción sobre la base de la nueva experiencia adquirida en la lucha revolucionaria.

Para dirigir la lucha de clases del proletariado es necesaria una organización de su vanguardia en forma de Partido Comunista, que «actúe como fuerza motriz», que «comprenda las condiciones, el curso y los resultados generales del movimiento obrero», que pueda defender los intereses generales del movimiento en su conjunto en cada etapa de la lucha y que pueda evaluar el movimiento «no solo desde el punto de vista del pasado, sino también desde el punto de vista del futuro»[87].

El Partido debe entrenarse y fortalecerse en la coherencia de principios mediante la participación prolongada en la lucha.

Aparentemente –escribió Engels a Bernstein en 1882–, un partido obrero en cualquier país grande solo puede desarrollarse mediante un conflicto interno, que de hecho es, en general, coherente con las leyes dialécticas del desarrollo. El partido alemán se convirtió en lo que es en la lucha de los eisenachianos contra los lassalleanos, una pugna en la que la lucha en sí misma fue el factor más importante. Los desórdenes infantiles no pueden curarse con preceptos morales; en las condiciones actuales, estos desórdenes tienen que ser superados de una vez.

---

87 Véase Marx, K., y Engels, F., «El Manifiesto Comunista» en *Biografía del Manifiesto Comunista*, Ediciones Tinta Roja.

Esto, por supuesto, no significa que distintos matices de opinión deban permitirse siempre en el Partido. La fuerza del Partido reside en su unidad, una unidad basada en la coherencia del programa y la táctica. Esta unidad se logra luchando contra todas las desviaciones del marxismo revolucionario: el oportunismo de derecha, que minimiza la importancia de la lucha de clases y se esfuerza por someter al proletariado bajo la influencia y la dirección burguesas (como es el caso del menchevismo), y el rechazo virtual de la lucha de clases que se disfraza bajo consignas y frases izquierdistas (ejemplos de los cuales fueron los liquidacionistas de «izquierda», los otzovistas, los ultimatumistas y los vperyodistas durante los años de reacción de 1908-1910 y el trotskismo durante los años 1924-1926). Es también extremadamente importante la lucha contra los conciliadores, que actúan como un escudo del oportunismo: aunque verbalmente reconocen la corrección del marxismo revolucionario, en la práctica los conciliadores no hacen ningún intento por combatir las distorsiones del marxismo revolucionario. El conciliacionismo es, por tanto, una forma extremadamente peligrosa de oportunismo. En las condiciones actuales, el principal peligro es el oportunismo de derecha.

Lenin siempre insistió en la necesidad de librar una lucha consecuente y despiadada contra todas las formas de oportunismo y él mismo nos mostró cómo debía llevarse a cabo esta lucha. Luchó persistentemente contra el oportunismo de derecha[88]. Pero al mismo tiempo hizo la guerra contra el doctrinarismo de «izquierda», que es particularmente importante para ganarse a las masas; porque las masas son inexpertas, desorganizadas, todavía no han abandonado suficientemente los prejuicios pequeñoburgueses, y cuando se ven empujadas a la desesperación y a la rabia por la desesperanza de su posición, por regla general están muy influenciadas por las frases

---

88 Véanse Lenin, V.I., *¿Qué hacer?*; *Un paso adelante, dos pasos atrás*; y *La bancarrota de la Segunda Internacional*.

anarquistas y la demagogia de «izquierda» (que es el reverso del oportunismo de derecha, «un castigo por sus pecados», como lo expresó Lenin). Una reseña general de la lucha del Partido por el bolchevismo en dos frentes la ofrece Lenin en su folleto *La enfermedad infantil del izquierdismo en el comunismo*, en el que escribe:

> Si bien la primera tarea histórica (a saber, la de ganar a la vanguardia consciente de clase del proletariado para que se ponga al lado del poder soviético y de la dictadura de la clase obrera) no podría lograrse sin una completa victoria ideológica y política sobre el oportunismo y el socialchovinismo, la segunda tarea, que ahora se convierte en la tarea inmediata, y que consiste en conducir a las masas a la nueva posición que asegurará la victoria de la vanguardia en la revolución, esta tarea inmediata no puede cumplirse sin la liquidación del doctrinarismo de izquierda, sin superarlo por completo y deshacerse de sus errores.

¿Cuáles son los rasgos distintivos de la táctica marxista-leninista? Como hemos señalado, la teoría, la política y la táctica marxista-leninista se basan en *el contacto con las masas*, en la capacidad de guiar la lucha de las masas hacia el comunismo y de elevar el objetivo y la organización consciente de las masas. El Partido Comunista confiere conciencia, organización e invencibilidad al movimiento de masas. Extrae sus ideas de la experiencia de la lucha revolucionaria de masas en todos los países.

Lenin dijo que la ley fundamental de todas las grandes revoluciones era la experiencia adquirida por las masas. Se refirió con frecuencia a la gran importancia que Marx concedía a «la iniciativa histórica de las masas». Lo que Marx y Engels criticaron más del socialismo inglés y estadounidense fue precisamente este aislamiento del movimiento obrero.[89] La

---

89 Véase la introducción a la traducción rusa de *Las cartas de J. P. Becker, J. Dietzgen, F. Engels, K. Marx y otros a F. A. Sorge y otros*.

victoria de la revolución solo puede asegurarse si la iniciativa y la energía de las masas se desarrollan ampliamente y si se les da a su lucha instintiva una dirección y organización conscientes.

El éxito de la táctica revolucionaria se puede asegurar si se gana la profunda simpatía de las masas. Esta simpatía debe ganarse mediante una lucha prolongada y tenaz, tanto antes de que el proletariado conquiste el poder como después de que haya instaurado su dictadura.

La revolución proletaria es imposible si la inmensa mayoría de los trabajadores no simpatiza y apoya a su vanguardia: el proletariado. Esta simpatía, sin embargo, no se da inmediatamente y no se decide por votación, sino que debe *ganarse* en el proceso de una larga, ardua y amarga lucha de clases. La lucha de clase del proletariado para ganarse la simpatía y el apoyo de la mayoría de los trabajadores no termina con la conquista del poder político por parte del proletariado. La lucha *continúa* tras la conquista del poder, pero bajo otras formas. En la revolución rusa, las circunstancias resultaron ser excepcionalmente favorables para el proletariado (su lucha por la dictadura), ya que la revolución proletaria tuvo lugar en un momento en que todo el pueblo estaba armado y en que todo el campesinado estaba ansioso por derrocar el poder de los terratenientes y estaba indignado por la política «kautskiana» de los socialtraidores, los mencheviques y los socialistas-revolucionarios.

Pero incluso en Rusia, donde en el momento de la revolución proletaria las circunstancias resultaron ser excepcionalmente favorables, donde se estableció inmediatamente una notable unidad entre todo el proletariado, todo el ejército y todo el campesinado, incluso en Rusia la lucha del proletariado por la simpatía y el apoyo de la mayoría de los trabajadores llevó meses y años tras haber establecido su dictadura.[90]

La larga y persistente lucha por la simpatía de las masas debe llevarse a cabo sistemáticamente. La simpatía de las masas debe

---

90 Lenin, V.I., «Saludos a los comunistas italianos, franceses y alemanes» en *Obras Completas*, vol. XXXIX, pp. 221–232, Editorial Progreso.

ganarse con los métodos tácticos y con los objetivos y propósitos por los que lucha el Partido Comunista.

En su dirección táctica de la lucha revolucionaria, el proletariado debe guiarse por dos postulados básicos. *Primero,* el leninismo no prescribe ninguna forma particular de lucha al movimiento proletario, sino que se esfuerza por dominar todas las formas, por ejemplo: las manifestaciones, la lucha parlamentaria, el uso revolucionario del parlamento cuando la situación lo dicte, así como formas superiores de lucha, a saber, la insurrección armada, la guerra civil y la dictadura del proletariado. *Segundo,* el leninismo adopta un enfoque histórico de la cuestión de qué forma particular de lucha debe elegirse en cada momento, teniendo en cuenta las circunstancias concretas de la situación dada. Debe mostrarse la máxima flexibilidad en la selección de los medios.

En un artículo titulado «La guerra de guerrillas», escrito en septiembre de 1906, Lenin escribió:

El marxismo se distingue de todas las formas primitivas de socialismo por el hecho de que no impone al movimiento ninguna forma particular de lucha. Admite las más variadas formas de lucha. Además, no las «inventa», sino que solo generaliza, organiza y da forma consciente a los métodos de lucha practicados por las clases revolucionarias y que surgen espontáneamente en el curso del propio movimiento. Sin concesiones, hostil a todas las fórmulas abstractas y recetas doctrinarias, el marxismo exige que se preste la más cuidadosa atención a la lucha de masas del momento, que, a medida que el movimiento se desarrolla, a medida que la conciencia de las masas crece y la crisis económica y política se agudiza cada vez más, crea métodos de defensa y ataque siempre nuevos y variados. El marxismo, por tanto, no rechaza en absoluto ninguna forma de lucha. El marxismo no puede limitarse a las formas de lucha que se practican y son posibles en un momento dado, sino que reconoce la aparición *inevitable* de nuevas formas de lucha, aún desconocidas para quienes participan en la lucha en un período dado y que llegan con el cambio de circunstancias. Si se puede expresar así, el marxismo aprende de la práctica de las masas y no pretende en lo más mínimo enseñar a las masas las formas «sistemáticas» de lucha, inventadas en el estudio.[91]

También en *La enfermedad infantil del "izquierdismo" en el comunismo* Lenin señaló la necesidad de aprender y dominar todas las formas de lucha y de ser capaz de aplicar todas y cada una de ellas con igual facilidad, para estar preparado para los cambios de circunstancias que ocurren tan rápida e inesperadamente durante un período revolucionario.

La historia en general, y la historia de las revoluciones en particular –escribe Lenin– es siempre más rica en contenido, más variada, más polifacética, más viva y «sutil» de lo que imaginan algunos de los mejores partidos y algunas de las vanguardias más conscientes de la clase más avanzada. Esto es comprensible porque las mejores vanguardias expresan la conciencia de clase, la voluntad, la pasión, la fantasía de decenas de miles, mientras que la revolución se hace en el momento de su clímax y el esfuerzo de *todas* las capacidades humanas por la conciencia de clase, la voluntad, la pasión y la fantasía de decenas de millones de personas impulsadas por la lucha de clases más aguda. De aquí se derivan dos conclusiones prácticas muy importantes: primero, que la clase revolucionaria, para cumplir con su tarea, debe ser capaz de dominar *todas* las formas o aspectos de la actividad social sin excepción (y completar después de la toma del poder político, a veces con grandes riesgos y en medio de peligros muy grandes, lo que no completó antes de la toma del poder); segundo, que la clase revolucionaria debe estar preparada para pasar de una forma a otra de la manera más rápida e inesperada.[92]

El Partido Comunista debe dominar absolutamente todas las formas de lucha: porque la lucha del proletariado y de las masas trabajadoras se convertirá en una verdadera lucha de clases y conducirá al objetivo de crear una sociedad comunista

---

91 Lenin, V.I., *Obras Completas*, vol. XIV, p. 1, Editorial Progreso.

92 Lenin, V.I., *La enfermedad infantil del "izquierdismo" en el comunismo*.

solo cuando la influencia organizadora y orientadora de la vanguardia que lucha conscientemente hacia el comunismo esté garantizada.

En el artículo «La guerra de guerrillas», Lenin señaló que todas las formas de lucha pueden distorsionarse si no se aplican en una determinada relación entre sí bajo la dirección del Partido Comunista.

> Se dice que la guerra de guerrillas reduce al proletariado con conciencia de clase al nivel de borrachos y vagabundos degradados. Eso es cierto. Pero esto solo prueba que el Partido del proletariado nunca puede considerar la guerra de guerrillas como el único método de lucha, ni siquiera como el principal, y que este método debe subordinarse y coordinarse adecuadamente con los principales métodos de lucha, que son ennoblecidos por la influencia esclarecedora y organizadora del socialismo. Sin esta última condición, todos los métodos de lucha de la sociedad burguesa, sin excepción, llevarán al proletariado al nivel de las diversas capas no proletarias situadas por encima o por debajo de él, y quedará a merced del curso espontáneo de los acontecimientos, desaliñado, corrompido y prostituido. Las huelgas, cuando se dejan a merced del curso espontáneo de los acontecimientos, se transforman en «alianzas» entre obreros y patronos contra los consumidores. El Parlamento se convierte en un burdel en el que una banda de políticos burgueses comercian al por mayor y al por menor con la «libertad del pueblo», el «liberalismo», la «democracia», el «republicanismo», el «anticlericalismo», el «socialismo» y toda clase de mercancías populares. Los periódicos se convierten en procuradores, a quienes cualquiera puede comprar, un medio para corromper a las masas y complacer los bajos instintos de la multitud, etc. La socialdemocracia no conoce ningún método universal de lucha que levante una muralla china entre el proletariado y las capas sociales que están situadas un poco por encima o por debajo de él. En diferentes épocas, la socialdemocracia aplica diferentes métodos; pero los aplica estrictamente de acuerdo con condiciones definidas, ideológicas y organizativas.

La selección de los métodos de lucha debe estar determinada por las condiciones objetivas concretas. Esto nos lleva al segundo principio básico al que nos hemos referido.

En este mismo artículo Lenin escribió:

> El marxismo insiste en que la cuestión de los métodos de lucha debe investigarse desde un punto de vista absolutamente histórico. Aquellos que traten esta cuestión al margen de las circunstancias históricas concretas simplemente no comprenden los elementos mismos del materialismo dialéctico. En los diversos períodos de la evolución económica y dependiendo de las diferentes condiciones políticas, nacionales y culturales, sociales y de otro tipo, diversos métodos de lucha adquieren protagonismo y se convierten en los principales métodos de lucha y, en consecuencia, los métodos secundarios y complementarios de lucha también cambian a su vez. Tratar de expresar una opinión definida, sí o no, sobre cualquier método de lucha en particular, sin someter las circunstancias concretas del momento dado y de la etapa dada de su desarrollo a un análisis cuidadoso, simplemente significa abandonar por completo el punto de vista del marxismo.

La táctica revolucionaria marxista-leninista se basa en un examen de las circunstancias concretas de la situación dada. El propósito de esto es evitar que nos separemos de las masas, permitirnos avanzar junto con ellas, dirigirlas y ayudarlas a elevarse a un nivel superior. No debemos retroceder ante las dificultades, sino esforzarnos por superarlas atrayendo nuevas fuerzas a la lucha. Debemos fomentar la actividad de las masas, mejorar su organización y estimular su conciencia de clase. El ataque debe realizarse sistemática y consistentemente, evitando en nuestra dirección «*saltos lógicos* (es decir, mentales) *sobre varias etapas concretas*», como Lenin lo expresó en una ocasión, considerando esto un grave pecado contra el materialismo dialéctico.

Dada esta dirección, las masas se elevarán a un nivel más alto de conciencia política en el curso mismo de los acontecimientos, aprendiendo de sus propias acciones, errores, derrotas y victorias.

La esencia de las táctica marxista-leninista fue brillantemente explicada por Lenin en su artículo «Karl Marx»[93], en el que escribió:

> Marx determinó la tarea esencial de la táctica del proletariado en rigurosa correspondencia con todas las premisas de su concepción materialista y dialéctica del mundo. Solo considerando objetivamente el conjunto de las relaciones mutuas de todas las clases, sin excepción, que forman una sociedad dada, y considerando, por tanto, el grado objetivo de desarrollo de esta sociedad y sus relaciones con otras sociedades, podemos tener una base que nos permita trazar la táctica acertada de la clase de vanguardia.

También se encontrará material valioso sobre este tema en *La enfermedad infantil del "izquierdismo" en el comunismo*. Para ser un dialéctico materialista no basta con reiterar los principios del marxismo en forma general. Debemos estudiar la experiencia de la lucha de clases del proletariado y aprender a dar expresión a las circunstancias concretas de esa lucha, a enfatizar las principales tareas y plantear consignas adecuadas para liderar la lucha proletaria y poder encontrar el eslabón principal que nos permita sostener toda la cadena.

---

93 Lenin, V.I., «Karl Marx» en *Biografía del Manifiesto Comunista*, p. 359. Ediciones Tinta Roja.

VII
¿Cómo estudiar a Lenin?

Para concluir, conviene decir algunas palabras sobre cómo estudiar las obras de Lenin. Debe tenerse en cuenta que Lenin fue un dirigente del proletariado. El estudio de sus obras literarias debe combinarse estrechamente con el estudio de su práctica y de las condiciones en las que trabajó. Solo así se entenderán y valorarán adecuadamente las obras de Lenin. Este estudio, sin embargo, debe vincularse con la lucha actual del proletariado.

La manera en que Lenin estudió las obras de Marx y Engels es un ejemplo de cómo deben estudiarse las obras de Lenin. A partir de varios de sus artículos, en particular los que tratan del marxismo y de las obras y la correspondencia de Marx y Engels, vemos cómo pudo extraer las lecciones de la dialéctica materialista de su estudio de Marx y Engels.

Lenin llamó especialmente la atención sobre la siguiente fórmula contenida en una de las cartas de Engels: «El marxismo no es un dogma, sino una guía para la acción». Ninguno de los marxistas que habían estudiado las obras de Marx y Engels había prestado la debida atención a este aforismo; pero Lenin señaló con razón que ofrece una descripción sucinta y excelente de la esencia misma de la teoría marxista.

Lenin señaló que una característica sobresaliente del método de Marx y Engels era el contacto vivo que ellos mismos mantenían con el movimiento de masas. A pesar de sus conocimientos y de su tremenda erudición, estaban libres del más mínimo indicio de pedantería o exceso de intelectualismo. Como dijo Engels, en el *momento* en que el socialismo se transformó de utopía en ciencia, se hizo necesario tratarlo como ciencia, es decir, estudiarlo. Hay que dominar los valiosos conocimientos heredados del pasado. Pero eso no es suficiente. Debemos ser capaces de extraer lecciones de la experiencia de las luchas actuales de las masas y, al mismo tiempo, tomar parte activa en ellas, dirigirlas y elevarlas a niveles superiores. Marx y Engels poseían esta capacidad en un grado muy elevado; y era esto lo que Lenin consideraba excepcionalmente valioso y digno de imitación. En su prefacio a la traducción rusa de las *Cartas de Marx a Kugelmann,* Lenin dice que:

> *Por encima de todo,* él [es decir, Marx –V.A.] puso el hecho de que la clase obrera, heroica, abnegada y tomando la iniciativa por sí misma, *hace* historia mundial.

Marx y Engels concedieron la mayor importancia a la «iniciativa histórica» de las masas y no se sintieron consternados por el hecho de que la actividad de las masas pudiera ir acompañada de errores. De hecho, siempre que se crea algo nuevo y se abandonan los viejos surcos, los errores son inevitables. La causa revolucionaria más vital puede verse empañada por errores, pero el movimiento de masas, la nueva experiencia adquirida, el espíritu creativo desplegado y las nuevas instituciones iniciadas compensan cualquier error que se pueda cometer. De hecho, no hay forma de que se pueda enseñar a las amplias masas si no es a través de sus propias acciones y de sus propias experiencias.

Marx y Engels nunca impusieron dogmáticamente a las masas puntos de vista que consideraban correctos, sino que las masas podían entenderlos como resultado de su propia experiencia y no simplemente como resultado de preceptos verbales y prédicas. Pero esta actitud cautelosa con respecto a la educación de las masas estuvo acompañada de las demandas más exigentes en cuestiones de teoría. En su introducción a la traducción rusa de *Las cartas de J. P. Becker, J. Dietzgen, F. Engels, K. Marx y otros a F. A. Sorge y otros*, Lenin habla de la guerra despiadada, incluso «feroz», que Marx libró contra el oportunismo.

Los postulados expresados previamente no deben ser tratados de forma estereotipada como preceptos universales aplicables a todos los tiempos y a todas las condiciones sin tener en cuenta los cambios que han tenido lugar desde que esos postulados fueron enunciados, y sin un estudio cuidadoso de los nuevos factores que han surgido y que las mentes más penetrantes en el pasado no podrían haber previsto.

Al estudiar las obras de Marx y Lenin debemos tener siempre en mente las circunstancias en las que vivieron y actuaron, las condiciones que dieron origen a una determinada consigna, o las personas contra las que se dirigió una determinada polémica: es decir, sus obras deben ser estudiadas con la debida apreciación del momento y del lugar concretos en que fueron escritas. Las lecciones extraídas del estudio deben aplicarse a la lucha actual del proletariado, al tiempo que debe mantenerse el más estrecho contacto con el movimiento y las tareas de la lucha de clases de nuestro tiempo. Solo así se cumplirá la exigencia básica del marxismo-leninismo, a saber, que la teoría no sea «un dogma, sino una guía para la acción», no un mero tema de estudio académico, sino una ciencia y un arma valiosa en la lucha de clases del proletariado.

La actitud de Lenin hacia la ciencia, el movimiento obrero y la lucha de masas fue exactamente la misma que la de Marx y Engels. Como Marx, Lenin apreciaba en la clase revolucionaria su «capacidad para crear el futuro». Supo liderar la lucha de masas y combatir «ferozmente» toda distorsión del marxismo revolucionario, en cualquier esfera en que se manifestara y bajo cualquier bandera que se proclamara. Lenin supo apreciar las peculiaridades de las circunstancias concretas, estudiar las obras de los fundadores del comunismo científico y aplicarlas a las nuevas condiciones de la lucha de la clase obrera.

En nuestro propio estudio de las obras de Lenin, debemos esforzarnos por adoptar los métodos que utilizó. Debemos adquirir la capacidad de luchar por el marxismo-leninismo revolucionario. Porque ha habido muchas distorsiones oportunistas de las enseñanzas de Lenin desde su muerte, y volveremos a encontrarnos con tales distorsiones en el futuro. Todos conocemos los esfuerzos que hizo la oposición trotskista para llevar a cabo una distorsión revisionista del leninismo, mientras que la oposición de derecha y los «izquierdistas» semitrotskistas hicieron intentos similares en los años 1928, 1929 y 1930.

Un ejemplo de la forma en que Lenin estudió las obras de Marx se encontrará en su artículo «Marx y el "reparto negro" americano»[94]. En este artículo, después de describir las circunstancias en las que Marx escribió su artículo en oposición a H. Kriege (cuyos puntos de vista se parecían mucho a los de los socialistas-revolucionarios rusos a principios de siglo) y de comparar el movimiento campesino en América a mediados del siglo XIX con el movimiento campesino en Rusia a fines del siglo XIX y principios del XX, Lenin muestra cómo Marx combatió las ilusiones pequeñoburguesas del campesinado, al tiempo que apreciaba el carácter democrático revolucionario del movimiento campesino. Lenin usó este ejemplo de Marx para reforzar su postura en la lucha contra los mencheviques, que no entendieron en absoluto el significado del movimiento campesino ni se dieron cuenta de que el campesinado era el principal aliado de la clase obrera en la lucha contra el zarismo.

Otro ejemplo es el trabajo de Lenin sobre la cuestión del Estado. Habiendo estudiado todo lo que Marx y Engels

---

94 Lenin, V.I., *Obras Completas*, vol.X, pp. 57–64, Editorial Progreso.

escribieron sobre el tema, Lenin pudo establecer sus verdaderos puntos de vista, que habían sido completamente mutilados por los oportunistas. Esto por sí solo fue un tremendo servicio a la causa del marxismo revolucionario. Pero hizo más que eso. Basándose en los puntos de vista teóricos de Marx y Engels y aplicando sus métodos, Lenin utilizó la experiencia proporcionada por las luchas revolucionarias del proletariado en 1905 y 1917 para desarrollar aún más la teoría de Marx. Creó la teoría del Estado soviético, que surge con el establecimiento de la dictadura del proletariado. Estudiando las obras de Lenin sobre este tema,[95] podemos seguir paso a paso la manera en que Lenin utilizó el método marxista para resolver uno de los problemas fundamentales de la revolución: la organización del poder estatal del proletariado revolucionario.

Una lectura a la obra fundamental escrita por Lenin sobre esta cuestión, *El Estado y la revolución*, revela con qué cuidado estudió las obras de Marx y Engels, con qué diligencia transcribió pensamientos individuales e incluso comentarios fugaces cuyo valor teórico, a pesar de su brevedad, es tremendo. En la conferencia popular de Lenin sobre «El Estado»[96], que ofrece una revisión general de la cuestión del Estado y representa un valioso complemento a las obras enumeradas anteriormente y una introducción a un estudio más profundo de la cuestión, encontramos varias sugerencias prácticas sobre cómo deben estudiarse las obras de Marx y Engels.

Estos son solo dos ejemplos de los muchos que podrían citarse. En las obras de Lenin se tratan las tres partes componentes de la teoría marxista: filosofía, economía política y socialismo. Lenin dominó el material en las tres esferas,

---

95 Lenin, V.I., El *Estado y la revolución*; *¿Retendrán los bolcheviques el poder del Estado?*; *La revolución proletaria y el renegado Kautsky*; *Tesis y discursos sobre la democracia burguesa y la dictadura del proletariado*; etc.

96 Lenin, V.I., «Acerca del Estado» en *Obras completas*, vol. XXXIX, pp. 69-90, Editorial Progreso.

desarrollando la teoría de Marx y elaborando una serie de cuestiones importantes a la luz de los hechos proporcionados por el último desarrollo de la revolución proletaria[97].

En la esfera de la filosofía arrojó luz sobre el problema de la dialéctica materialista: elaboró la teoría del conocimiento del materialismo dialéctico, estudió y explicó la crisis de las ciencias naturales contemporáneas, y trató los problemas del materialismo histórico de una forma nueva.

En la esfera de la economía, debe prestarse atención a sus trabajos sobre el capitalismo en Rusia: «El desarrollo del capitalismo en Rusia», en *Obras Completas,* vol. III; sobre el imperialismo: «El imperialismo, fase superior del capitalismo», en *Obras Completas,* vol. XXVII; sobre la cuestión agraria: «El programa agrario de los socialdemócratas en la primera revolución rusa», en *Obras Completas,* vol. XVI; «El problema agrario en Rusia a fines del siglo XIX», en *Obras Completas,* vol. XVII, y, finalmente, sus trabajos sobre la economía del período de transición: «El Estado y la revolución», «Las tareas inmediatas del gobierno soviético», «Economía y política en la era de la dictadura del proletariado», etc.

En las *Obras Escogidas* se dedica mucho espacio a los escritos de Lenin sobre los *problemas del socialismo.* La política y la táctica de la lucha de clases del proletariado, el Partido, su programa y organización, la dictadura del proletariado, el Estado soviético y la construcción del socialismo. También aquí Lenin se basa en las teorías de Marx y Engels, mientras realiza a su vez un estudio

---

97 La división del cuerpo teórico del marxismo en filosofía (alemana), economía política (inglesa) y socialismo (francés), que realiza Lenin en su artículo «Karl Marx» siguiendo el esquema de Engels en el *Anti-Dühring,* no es más que un esquema ilustrativo de las bases teóricas fundamentales del marxismo. Pero ni pueden entenderse estos tres campos de forma separada, ni el marxismo se agota en ellos. En cuanto la ortodoxia (el núcleo fundamental) del marxismo es el método dialéctico-materialista, el desarrollo en las distintas disciplinas no es sino su desarrollo a través (o con ayuda) del método marxista. En ese sentido también la estética, por ejemplo, es parte integrante del marxismo.

concreto de los complejos factores de la lucha de clases de su propia época.

Lenin dominó la esencia misma de estos problemas, recopilando minuciosamente todo lo que se podía encontrar en Marx y Engels sobre el tema que estaba examinando. Nuestro objetivo debe ser hacer un estudio similar y una aplicación similar de las obras de Lenin. Los escritos de Lenin son un depósito de conocimientos esenciales para el proletariado e inestimables en la dirección de su lucha por el comunismo.

Estudiando las obras de Lenin aprenderemos a darnos cuenta del significado y la importancia de la teoría revolucionaria, veremos cómo la teoría debe estar asociada al movimiento de clase real y a la lucha de los millones de explotados y oprimidos por el capitalismo. Aprenderemos lo que significa que el Partido Comunista dirija la revolución proletaria y en qué condiciones puede triunfar la revolución. Y, siguiendo el ejemplo de Lenin, debemos aprender a participar nosotros mismos en la lucha.

El Partido Comunista de la Unión Soviética, formado bajo la dirección de Lenin y educado en el espíritu del marxismo revolucionario, continúa y desarrolla la construcción socialista iniciada bajo la dirección de Lenin y en la línea que él indicó. Decenas de millones de proletarios y trabajadores participan en esta gigantesca tarea. Aprendiendo de la experiencia de las luchas y del trabajo constructivo de las masas de proletarios y campesinos colectivos, que están trabajando por el establecimiento del comunismo, el Comité Central leninista, encabezado por el camarada Stalin –el mejor capacitado para continuar la causa de Lenin–, y el conjunto del Partido, está desarrollando la política, la táctica y la teoría del marxismo-leninismo.

Para comprender el leninismo es importante estudiar el trabajo actual del Partido Comunista de la Unión Soviética y la construcción socialista en curso bajo su dirección, así como el movimiento revolucionario internacional y la lucha de la

Internacional Comunista, que también fue fundada bajo la dirección directa de Lenin. La plena profundidad de las obras teóricas de Lenin se revela solo cuando se las asocia con la lucha que ahora está en curso. Porque fueron escritas con el propósito de guiar la gran lucha del proletariado hacia la victoria.

Una excelente guía para quienes emprenden un estudio sistemático de los escritos de Lenin es el libro del camarada Stalin, *Fundamentos del leninismo*, que debería servir como guía principal para quienes deseen obtener un conocimiento profundo de los problemas que Lenin tan brillantemente expuso y resolvió.

El camarada Stalin, líder del Partido Comunista de la Unión Soviética, es el teórico leninista más destacado. Fue bajo su liderazgo que, desde la muerte de Lenin, se llevó a cabo la lucha contra el trotskismo, la oposición Trotski-Zinóviev y los oportunistas de derecha. Tanto en la política práctica como en la teoría (y las dos están íntimamente asociadas), el camarada Stalin está llevando a cabo brillantemente la línea leninista.

Las obras de Lenin son de suma importancia para la lucha de clases del proletariado. El leninismo generaliza las experiencias de la revolución proletaria mundial y estudia todas las formas de la lucha de clases para aprovecharlas al máximo y desarrollar la ciencia que es esencial para el proletariado como vanguardia de la lucha por la emancipación de todas las formas de opresión y explotación. Esta ciencia debe hacerse accesible al vasto ejército proletario, pues le ayudará a lograr una mayor unidad de acción y conciencia de sus objetivos. Cuanto mejor organizadas estén las amplias masas de proletarios y trabajadores, y cuanto más enérgica y decididamente libren la lucha contra la dominación del capitalismo, antes se romperá el yugo de la vieja esclavitud.

ÍNDICE